Claudia Stosik

Schreiben Kinder heute noch Postkarten?

Erlebnisse aus dem Ferienlager

Engelsdorfer Verlag
Leipzig
2022

Titelbild: verschiedene Ansichtskarten aus dem Ferienlager

<u>Zur Autorin:</u>

Claudia Stosik, geb. 1961 in Dresden, Studium der Geschichte, Kulturwissenschaften und Literatur an der staatlichen Fernuniversität Hagen. Masterarbeit über die Schulklasse ihres Vaters: „Die Kriegsjahre 1943-1944 und die Fürstenschüler von St. Augustin zu Grimma – Schuljahrgang 1939-1945“

Bibliografische Information durch die Deutsche Nationalbibliothek: Die Deutsche Nationalbibliothek verzeichnet diese Publikation in der Deutschen Nationalbibliografie; detaillierte bibliografische Daten sind im Internet über https://dnb.de abrufbar.

ISBN 978-3-96940-302-0

Hergestellt in Leipzig, Germany (EU)
Gedruckt auf FSC®-zertifiziertem Papier

www.engelsdorfer-verlag.de

13,90 Euro (DE)

<u>Inhaltsverzeichnis:</u>

Ferienlager, Pionierlager, Zeltlager, Betriebsferienlager, Betriebspionierferienlager

All diese Begriffe aus der Überschrift bezeichneten ein Ferienlager für Kinder und Jugendliche.

Als Sammelbegriff nenne ich es Ferienlager:
Kinderferienlager kannte während der DDR-Zeit jeder. Die meisten Betriebe unterhielten Gebäude im ganzen Land verteilt, wo sich die Kinder ihrer Werktätigen, so nannte man damals die Mitarbeiter, bei Sport und Spiel erholten. Das konnten Zeltlager sein oder Bungalows, aber auch Villen, Schulen oder Gasthöfe. Das Angebot war vielseitig. Ebenfalls fand Austausch mit dem befreundeten Ausland statt, zum Beispiel mit Polen. Es gab kaum ein Kind, welches nicht irgendwann in einem Ferienlager einen Teil seiner Ferien verbrachte. Erinnerungen werden wach gerufen, denn bei aller Bescheidenheit dieser Unterkünfte versprachen sie abwechslungsreiche Ferienwochen mit vielen unvergesslichen Erlebnissen.

Außer den Kinderferienlagern der Betriebe sind auch Ansichtskarten aus Pionierlagern bzw. Pionierzeltlagern dabei. Das wollte ich nicht ausklammern, zudem es ähnlich organisiert war. Einige Betriebe, meist Großbetriebe, unterhielten die sogenannten Betriebspionierlager. Am Schluss der Publikation erscheint eine Aufstellung von Ferienlagern in der gesamten DDR, die allerdings nicht den Anspruch auf Vollständigkeit erhebt.
Die Erholung vom Schulalltag stand an erster Stelle. Militärisch anmutende Rituale wie Fahnenappell oder Geländelauf gehörten für die Kinder sowohl im Ferienlager als auch im Pionierlager dazu. Beim Besuch im November 2021 im ehemali-

gen Pionierlager in Papstdorf hörte ich wie eine Besucherin, die in den 1970er Jahren hier ihre Ferien verbrachte, meinte:

„Da hieß es früh aufstehen und zum Fahnenappell antreten, aber geschadet hat es uns nicht."

Und diese Vielzahl von Erlebnissen werden anhand einer Auswahl von Ansichtskarten und Briefen wieder präsent. Dabei spielt es keine Rolle, ob es ein Betriebsferienlager oder Pionierzeltlager war.

Den Schwerpunkt dieser Publikation bilden die schriftlichen Mitteilungen der Kinder, die meist sofort nach Ankunft im Ferienlager nach Hause geschickt wurden. Diese Karten sind ein Stück Zeitgeschichte, denn man erfährt etwas über die damaligen Verhältnisse zwischen 1950 bis Ende der 1980er Jahre hinsichtlich des Standards im Ferienlager, aber auch Wissenswertes über die Umgebung, das Essen und natürlich das Wetter. Zum Beispiel schrieb ein Mädchen, dass sie auch warmes Wasser haben, was in den 1960er Jahren noch nicht überall selbstverständlich war. Aber das soll an dieser Stelle genug sein, lassen wir in den folgenden Kapiteln die Kinder und Jugendlichen selbst zu Wort kommen.

Im Titel dieser Publikation wird die rhetorische Frage gestellt, ob die Kinder in der heutigen Zeit überhaupt noch Karten oder Briefe an ihre Freunde oder Verwandten schreiben. Im digitalen Zeitalter von Handy, Smartphone und anderen elektronischen Geräten findet die Frage ihre Berechtigung. Eine SMS, E-Mail, WhatsApp oder was es sonst noch an Möglichkeiten gibt, ist schnell geschrieben. Rechtschreibfehler werden automatisch korrigiert, die Satzstellung spielt keine Rolle. Aber diese Art von Kommunikation ist schnelllebig. Worte und Sätze werden spontan geschrieben, aber auch schnell wieder gelöscht.

> „Nach einer Woche erinnert man sich kaum noch daran, erst recht nicht nach einem und gleich gar nicht nach 50 Jahren. Beim Anblick einer Ansichtskarte oder eines Briefes dagegen wird alles wieder lebendig, was man Schwarz auf Weiß und auch zwischen den Zeilen lesen kann.“[1]

In diesem Zusammenhang ist Social Media nicht gemeint, sondern ausschließlich das Senden von persönlichen Mitteilungen in Form von Mails, SMS und dergleichen an die Eltern, Freunde und Bekannte. Manchmal sind heute sogar die Großeltern internetaffin. An alle diese Menschen verschickte man früher, vor der Internetzeit, ganz selbstverständlich persönliche Mitteilungen in Form von Postkarten und Briefen.

***

---

1 Hüfner, Hans; Die Schätze meines Vaters, in: Vom MILLENNIUM bis zum Jahr 2021, Hg. v. Stosik, Claudia, S. 47

Ansichtskarten an die Familie

Aus dem Ferienlager eine Karte zu schreiben, gehörte zum Pflichtprogramm. Einige Kinder taten das auch sehr gern. Bei anderen Kindern sah man schon an der Textlänge, dass sie keine rechte Lust dazu hatten. Das Schriftbild gibt Auskunft, welches Alter das Kind etwa hatte. Einige schrieben sehr sorgfältig, andere verwendeten die Druckschrift. Aber auch mit Bleistift in krakeliger Schrift verfasste Texte vervollständigen die ganze Bandbreite der Feriengrüße.
An die Eltern und Geschwister, aber auch an die Großeltern oder Tante und Onkel wurden Karten und manchmal sogar Briefe verschickt. Kinder schrieben, was sie gerade bewegte und man kann mitunter schmunzeln. Das Wetter wurde oft thematisiert, aber auch das Essen oder die Unternehmungen. Einige klagten, dass das Taschengeld zu wenig sei. Andere schrieben über besondere Ereignisse, zum Beispiel über eine Nachtwanderung oder interessante Arbeitsgemeinschaften. Freunde zu finden, war natürlich ein großes Thema. Manchmal bat ein Kind seine Eltern, vergessene Gegenstände oder Kleidung nachzusenden.

Vor allem wollten die Kinder auch gern einmal Post erhalten. Hier gab es Gelegenheit dazu. Einige forderten die Empfänger auf – „*Schreibt bitte bald*“. Und manche Kinder verlangten energisch Post von den Eltern, wie in diesem Beispiel:

„Ich vermisse bis jetzt jegliche Briefe von Euch. Warum schreibt Ihr mir nicht?“

oder

„Liebe Oma! Lieber Opa!
Warum schreibt Ihr mir nicht? Ist was passiert?

Manch ein Kind schrieb sehr fehlerhaft, verbesserte sich mitunter, aber das war nicht weiter schlimm. Die Schulzeit lag in weiter Ferne. Was spielte es da für eine Rolle, wenn beispielsweise das Wort „hier“ „hir“ geschrieben wurde. Die Eltern freuten sich über die netten Zeilen ihrer Kinder. Auch wenn die Stadt Potsdam einige Variationen in der Schreibweise aufwies wie zum Beispiel „Potzdam“ oder „Potzdamm“. Manche verfassten sogar lange Briefe aus dem Ferienlager, dazu gehörte auch die Autorin.
Die Adressen der Empfänger werden aus Rücksicht von Datenschutz nicht erwähnt. Wenn auch diese Eltern und Großeltern wahrscheinlich nicht mehr unter den Lebenden weilen, soll die Privatsphäre gewahrt werden. Vornamen werden meist genannt, auch die Orte und Namen der jeweiligen Betriebe. Eine Ausnahme bilden die eigenen Karten aus dem Ferienlager, denn die Autorin und andere Familienmitglieder schickten ebenfalls Grüße nach Hause.

Nun beginnen die Ferien!

***

Kinderferienlager Tagesablauf

Sicherlich gab es Unterschiede im Tagesablauf, schon aus Gründen der Lagergröße. Ich kann mich nicht mehr genau an die Zahl der Kinder erinnern, aber meist waren es mehrere Gruppen eingeteilt nach Alter oder Klassenstufe.

Im Ferienlager am Wolziger See verbrachte die Autorin im Jahr 1974 zwei schöne Ferienwochen. Den Tagesablauf von damals zu beschreiben, wäre eine große Herausforderung. Jedoch haben die Eltern alle Briefe gesammelt und aufbewahrt, so dass in einem Brief vom 1. August 1974 ein exakter Tagesablauf nachvollzogen werden kann.

- ✗ 7.00 Uhr Aufstehen
- ✗ 7.30 Uhr Frühstück
- ✗ 8.00 Uhr Zimmerreinigung und dann Beschäftigung in der Gruppe
- ✗ 12.00 Uhr Mittagessen
- ✗ 12.30 – 14 Uhr Mittagsruhe
- ✗ 14.30 Uhr Beschäftigung
- ✗ 17.15 Abendbrot
- ✗ 17.30 – 20.00 Uhr Beschäftigung
- ✗ 20.30 Uhr Nachtruhe

Soweit mir bekannt ist, fand zumindest am ersten Tag ein Appell statt, ein sogenannter Eröffnungsappell. Wie der Name schon sagt, wird das Lager bei diesem Appell eröffnet. Ein kleines Programm wird aufgeführt – beispielsweise die Rezitation eines Gedichtes und/oder Gesang einer Gruppe mit Akkordeonbegleitung. Aber auch das gab es:

„Außerdem erleichtert Marschmusik auch den geordneten Ein- und Ausmarsch der Gruppen. […]

Stehen keine anderen Mittel als der Lagerfunk zur Verfügung, dann ist es immer noch besser, einen guten Akkordeonspieler am Mikrofon ein Marschlied spielen zu lassen, statt eine Schallplatte aufzulegen.“[2]

Ausschlafen in den Ferien war nicht drin. Ein ziemlich strenger Plan bestimmte den Tagesablauf. Die Zeit für das Abendessen erschien mit einer Viertelstunde recht knapp. Die Nachtruhe wurde zwar festgelegt, aber geschlafen wurde noch lange nicht. Im eben genannten Brief wird berichtet:

„Heute Nacht wollen 5 Mann[3] von unserem Bungalow in den Bungalow Nummer 6 gehen und die mit Zahnpasta vollschmieren.“

Ich erinnere mich, dass wir die Zahnpastatube unter der Türklinke ausgedrückt hatten. Das waren kleine harmlose Späße,

2 Autorenkollektiv unter Leitung von Walter Hoyer (Hg. 1968): Handbuch für das Betriebsferienlager, S. 68 f. u. Abbildung S. 68

3 Anm.: Es handelt sich natürlich nicht um „Männer“, sondern um etwa 10-12jährige Mädchen.

die aber im Gedächtnis haften geblieben sind, denn wir empfanden die Ferienlagerzeit als spannend und erlebnisreich.
Das Nachtleben gestaltete sich eben nicht immer ruhig. Aber erwischen lassen sollte man sich bei derartigen Aktionen nicht.

Ein Junge schrieb im Juli 1984:

„In der Nacht ist es besonders schön...(lustig).

Ein anderes Kind beschwerte sich bei seinen Eltern, dass die Nachtruhe von 20.45 Uhr auf 20.30 Uhr „gekürzt" wurde. Eigentlich hat sich dadurch ja die Nachtruhe um eine Viertelstunde verlängert. Gekürzt wurde die Zeit zum Spielen.

Allgemein stellte ich fest, das bestätigen jedenfalls eine Reihe von Karten in die Heimat, dass die Nachtruhe überall 20.30 Uhr begann.

***

Zeltlager Papstdorf in der Sächsischen Schweiz

Die Mutter der Autorin verbrachte
im Juli 1956 ihre Ferien in einem Pionierzeltlager in Papstdorf. Es gehört zwar zur Gemeinde Papstdorf, das Lager selbst befand bzw. befindet sich ca. 2 Kilometer vom Ort entfernt mitten im Wald. Später gab man diesem Ferienlager den Beinamen „Klement Gottwald". Diesen Namen trug es auch noch in den 1980er Jahren, obwohl der tschechische kommunistische Politiker bereits 1953 gestorben war. Das nur nebenbei.
Mein Interesse für dieses Ferienlager in Papstdorf war geweckt und stellte den Ausgangspunkt für weitere Recherchen dar. Einige Karten aus den 1950er Jahren bis zum Jahr 1983 sind dazu gekommen. Dadurch entstand ein differenzierteres Bild aus verschiedenen Zeiten des Lagerlebens. Eine Exkursion führte mich im November 2021 nach Papstdorf und so konnte ich vor Ort alles besichtigen. Ausführliches dazu später.

Man möchte es nicht erwähnen, aber bereits in den 1930er Jahren bestand in Papstdorf ein Jugendlager (Hitler-Jugend-Lager). Um so weniger ist nachvollziehbar, dass die DDR kurz nach ihrer Gründung die Lagertradition fortsetzte. Zuerst war es ein Zeltlager oder auch Pionierzeltlager, und zwar in der Zeit zwischen 1950 bis 1966. Später übernachteten die Kinder und Jugendlichen in Blockhütten und in den 1980er Jahren auch teilweise in einem Haus als Ferienheim. Alles in diesem Zusammenhang zu erforschen hat die Autorin in dieser Publikation nicht vorgesehen. Trotzdem ist es interessant, wie viele unterschiedliche Postkarten auftauchten, die im Laufe einiger Jahrzehnte an Verwandte und Freunde sowie Kollegen und Gruppenleiter verschickt worden sind.

Die erste Karte vom Zeltlager Papstdorf, datiert vom 4. August 1951, schrieb ein kleiner Jungen an seine Mutti.

„Liebe Mutti das ist eine Ansichtskarte vom Lager. Das große Haus ist unser Krankenhaus. Das andere Gebäude ist unser Essensplatz. Liebe Mutti mir gefällt es hier sehr gut. Wir haben schon ein Fußballspiel gegen Weißwasser gemacht. Wir haben 2 mal verlohren.[4] Es grüßt euer Jochen"

Von diesem Haus wird noch die Rede sein

Auffallend ist der Schriftzug am Haus, denn es werden alle Kinder Deutschlands angesprochen. Vielleicht bestand noch Hoffnung auf ein vereinigtes Deutschland, obwohl die Gründung der DDR schon fast zwei Jahre zuvor erfolgte. Oder war

4 Anm.: Es heißt natürlich: verloren

der Schriftzug ein Überbleibsel aus der Zeit vor 1949. Das weiß man nicht so genau.
Wenige Zeit später hat man derartige Zeilen nicht mehr lesen können.

***

Nun zurück zu Dagmar Dreßler, der Mutter der Autorin. Eine Karte vom 6. Juli 1956 an die Tante übermittelt einige interessante Details aus dem Zeltlagerleben.

Der erste Satz auf fast jeder von Kinderhand geschriebenen Karte heißt: *„Ich bin gut angekommen."*
Das Kartenmotiv zeigt einen Tafelberg, den Lilienstein, der sich auf der anderen Elbseite befindet. Also stimmen hier Aufenthaltsort und Kartenmotiv nicht überein.

Der Text ist recht gut lesbar und wird deshalb nicht noch einmal abgeschrieben.

***

Die Gruppenleiter[5] in den Ferienlagern hatten es vermutlich nicht immer leicht mit den Kindern. Eine junge Frau schrieb aus Lengenfeld[6] im Vogtland im August 1956 an ihre Freundin, in der Anrede noch mit Frl. (Fräulein), die im Zeltlager Papstdorf/Sächsische Schweiz als solche arbeitete. Vielleicht war sie auch die Gruppenleiterin von Ferienkind Dagmar Dreßler.

Der Text:
„Liebe Ursel!
Zuerst einen recht schönen Gruß aus dem Vogtland. Mir gefällt es gut. Hoffentlich ist es bei Euch ebenfalls gut. Machen Dir die Kinder viel zu schaffen? Einen recht schönen Gruß von deiner Freundin Irene"

***

Am 23. August 1956 schrieb eine Jugendliche oder auch Studentin an ihre Freundin in Großröhrsdorf/Sachsen aus Papstdorf eine Karte. Vermutlich weilte sie dort zu einer Fortbildung.
Der Text:
„Liebe Renate!
Die herzlichsten Grüße aus Papstdorf sendet Dir Christel. Es ist hier wirklich großartig. Jeden Tag vormittags und nachmittags Seminar. Heute sahen wir den Film „Reifezeugnis". Ich habe schon 2 nette Bekanntschaften gemacht. (Mädel) Morgen

---

5 Anm.: Gruppenleiter = Plural, damit sind alle Menschen angesprochen.
6 Anm.: Dieser Ort wird später noch erwähnt, weil die Autorin dort im Ferienlager war, allerdings in den 1970er Jahren.

haben wir ein Geländespiel. Schießen müssen wir auch tüchtig. Mit H. ist alles wieder so einigermaßen in Ordnung. Ich komme Sonnabend mit dem 15 Uhr Zug heim."

Links das Gebäude steht heute noch. Die Ansicht ist vom August 1956 mit einem Teil der Zelte.

Das Zeltlager ist vermutlich später wesentlich erweitert worden. Das Haus auf der Karte befindet sich heute in einem desolaten Zustand. Ebenfalls auf der Karte sieht man in der Mitte eine Art Baracke, das war der Speisesaal. An der Giebelseite des Hauses sind zwei große Tafeln mit Köpfen von Ernst Thälmann und einem anderen, wahrscheinlich kommunistischen Politiker, angebracht. Außerdem hängt an der vorderen Seite immer noch *das Spruchband*, welches auch schon auf der Karte von 1951 abgebildet war.

„Frohe Ferientage für alle Kinder Deutschlands".

Eine letzte Karte aus dem Zeltlager Papstdorf aus den 1950er Jahren möchte ich noch ergänzen:

Ein Junge schickte eine Karte mit demselben Motiv wie auf der vorhergehenden Seite. Eine große Auswahl an Karten wird es nicht gegeben haben.

„Liebe Mutti lieber Vati!
Bin gut angekommen. Wir liegen mitten im Wald. Brauche Menschester Hose!
Lest den Absender von mir. Es grüßt euch alle Bernd“

Direkt und ohne Personalpronomen schreibt der Junge, dass er eine „Menschesterhose“ benötigt. Wahrscheinlich hat er nach Gehör geschrieben, denn es heißt natürlich Manchesterhose, nach der gleichnamigen Stadt in England benannt. In unseren Breiten sagt man auch Cordhose. Das ist ein robuste Stoffhose und ursprünglich benutzte man diese vorrangig als Arbeitshose.

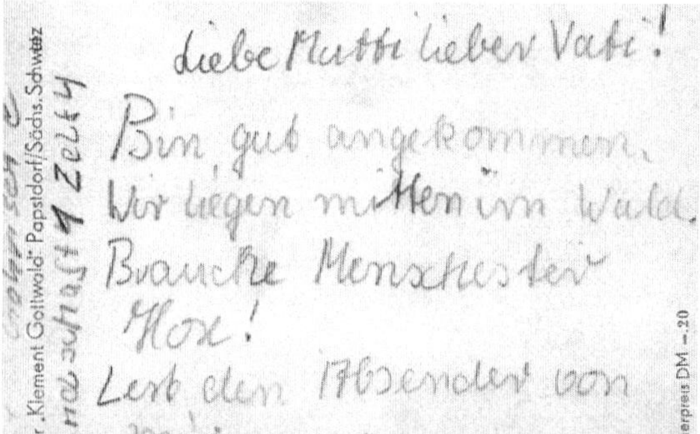

***

Inzwischen ist die Zeit der 1960er Jahre angebrochen und auch jetzt werden fleißig Karten an die Eltern, Omas, Tanten oder Kollegen einer Oberschule versandt.[7] Das Lager ist mittlerweile flächenmäßig vergrößert worden, allerdings nicht die Blockhütten, die waren sehr klein.

Dazu schreibt ein Mädchen am 18. August 1969:

„Liebe Tante!
Ich bin hier gut angekommen. Wir schlafen in einer sehr engen Bude. Hier stehen 8 Doppelstockbetten. Das Essen geht so ziemlich. Das Lager hier ist sehr groß und überall stehen Blockhütten. So, jetzt möchte ich schließen. Viele Grüße von hier sendet Doris!“

***

Auch auf einer weiteren Karte wird die Beengtheit in den Blockhütten thematisiert.

Ein Mensch, vielleicht ein Gruppenleiter oder auch ein Lehrer, benennt auf der Rückseite die Ansichten der Mehrbildkarte. Die Karte wurde nicht adressiert und frankiert. Die Zeit ist daher nicht genau feststellbar, aber auf Grund der Qualität der Ansichtskarte (vom Verlag VEB Bild und Heimat Reichenbach i. Vogtland) könnte sie aus den 1970er Jahren stammen.

Die rechte obere Ansicht beschreibt er mit ironischen Worten:
„So sehen unsere Bunker aus für 12 Genossen 5x5 großartig“

---

7 Anm.: Bis auf wenige Ausnahmen wird die chronologische Reihenfolge eingehalten. Eine Ausnahme bildet das Kapitel „Ferienlager Papstdorf“ sowie das Kapitel „Karten aus Teterow“, denn dabei wird bis in die Zeit der 1980er Jahre berichtet.

Die rechte untere Ansicht:

„rechte Ecke ein Speisesaal“

Links oben:

„Haus, in dem die größten Größen der Lagerleitung wohnen + Lagerfunk + Arzt (Kinderarzt)“

Nun hat das Haus wiederum eine andere Funktion, früher war es das Krankenhaus, wie es der Junge im Jahr 1951 beschrieb, später dann ein Wirtschaftsgebäude und nun beherbergt es die Organisatoren des Pionierlagers.

Links unten:
„Eingang zu unserer Abteilung“

Am Eingang des Lagers steht zweisprachig in Deutsch und Russisch:
„Herzlich willkommen liebe Freunde!
Добро пожаловать….

Der traurige Zustand des hier beschriebenen Hauses im November 2021

Noch Ende der 1980er Jahre befand sich das Haus und die gesamte Anlage in einem guten Zustand.

Wie man auf dem Bild der nächsten Seite sieht, sprudelte in der Mitte der Gartenanlage ein Springbrunnen. Von alledem ist heute nichts mehr übrig. Die Pflege des Gartens muss schon sehr lange vernachlässigt worden sein, denn die Bäume vor dem Haus haben inzwischen eine beträchtliche Höhe erreicht.

Karte mit Poststempel vom 3. Juli 1983

Am 6. September 1976 schrieb eine Jugendliche an ihre Angehörigen, vermutlich ein Lehrling, eine Karte aus Papstdorf. Da es bereits September war, gehe ich davon aus, dass es sich nicht um eine Schülerin handelt, die hier im Ferienlager weilte.

In der DDR war es üblich, das weiß die Autorin aus eigener Erfahrung, dass unmittelbar nach Lehrbeginn eine vormilitärische Ausbildung folgte.

Schon im Vorfeld wussten wir, es würde keine Erholung werden, denn ich teilte in einem Brief an die Großeltern meine Meinung dazu mit:

„...Ich freue mich zwar auf die Lehre und daß ich dann bald Geld verdiene, aber trotzdem ärgere ich mich, denn es sind ja

die letzten großen Ferien. Auch wird es im September gleich voll losgehen. Am 18.9. werden wir für 14 Tage in ein Lager fahren (vormilitärische Ausbildung). Dazu habe ich nun gar keine Lust. Vor allem alles auf Befehl machen....".[8]

Ich hatte das Vergnügen, bei sehr schlechtem Wetter im September 1978 diese Ausbildung in Neustadt/Sachsen zu absolvieren. Die Ausbilder nahmen keine Rücksicht auf schwächelnde Jugendliche. Wenn jemand nicht mehr die Kraft aufbrachte, im strömenden Regen weite Strecken zu laufen, wurde keine Rücksicht genommen. Eben Militär! Ich weiß von einem Mädchen, die Bauchschmerzen hatte und trotzdem weiter durch die Gegend gejagt wurde.

Hier in diesem Beispiel schreibt der Lehrling[9]:

„Liebe Familie F.
Ich bin heute gut hier angekommen, nachdem wir gestern in einem großen Klubraum auf Campingliegen übernachtet haben. Dieses Pionierlager liegt in einem sehr schönen Gebiet der Sächsischen Schweiz, und wir haben auf der Herfahrt die Felsen, die Bastei und die Festung Königstein vom Zug aus gesehen. Heute beginnt die Einführung gleich ziemlich hektisch, man ließ uns nämlich Marschieren üben, was morgen noch fortgesetzt und ausgebaut werden soll.

Tschüß und schreibt öfters mal eure Marion"

***

8 Brief der Autorin vom 21.7.1978
9 Anm.: Es hieß immer die Lehrlinge oder der Lehrling. Eine weibliche Form von Lehrling gibt es nicht. Heute heißt es die Auszubildende.

Ehemaliges Pionierlager – heute Kinder- und Jugenddorf ERNA im November 2021; unten Blick von Papstdorf zu den Schrammsteinen

Den Weg ins Kinder- und Jugenddorf kann man nicht verfehlen, denn die Straße heißt Pionierlagerstraße

Auf dem Weg von Papstdorf zum Pionierlager bzw. Kinder- und Jugenddorf, welches mitten im Wald liegt, muss man eine erhebliche Strecke auf einer Landstraße zurücklegen.

Unteres Schild: ERNA steht für **ER**holung und **NA**tur.

***

Die 1950er Jahre

1956

Eine Karte aus dem Kinderferienlager „Raymonde Dien" in Werbellin, Kreis Eberswalde, wurde am 7. August 1956 auf die Reise geschickt. Die Kartenmotive sind oftmals belanglos, zum einen, weil es vielleicht keine große Auswahl an Ansichtskarten gab oder zum anderen, weil es dem Absender nicht wichtig erschien. Meist wurden nur schwarz/weiß Ansichtskarten verschickt. Der mit Rechtschreibfehlern gespickte Text an die Mutter, die in Berlin-Lichtenberg wohnt, lautet:[10]

„Liebe Mutti!
Es gefellt mir sehr gut. Schick mir meine Taschenlampe, die ist in der Spielkiste. Kaufe mir eine Runde Batterie und eine 2,5 Birne. Ich brauche sie wenn [ich] *auf die Tolette gehe. Grüße von Dieter"*

***

Über das fehlende Licht schreibt auch ein anderer Junge. Chronologisch passt die Karte zwar nicht an diese Stelle, jedoch thematisch, denn die Taschenlampe ist auch hier unentbehrliches Utensil. Am 10. August 1970 wird folgende Karte an die Großeltern, wohnhaft in der Leipziger Umgebung, geschrieben.

„Lieber Opa u. Oma!
In diesem Lager gefällt es mir sehr gut. Essen Unterkunft u. Zeitvertreib sind in Ordnung. Zu 12 in einem Bungalow ohne Licht. Nur Taschenlampen. Es grüßt euch Stefan"

***

10 Anm.: Rechtschreibfehler usw. werden übernommen, sind es doch originale Ansichtskarten, die mir vorliegen.

1957

Aus Marienberg im Erzgebirge schrieb im Februar 1957 aus dem Jugendklubhaus ein vermutlich zwölfjähriges Mädchen an ihre Verwandten in Karl-Marx-Stadt einen ausführlichen Text:

Marienberg im Jahr 1980

„Liebe Mutti, Oma und Opa! Wir sind jetzt hier im Klubzimmer u. schreiben alle. Hier ist es sehr schön. Tischtennis, Fernsehapparat, Schallplatten, Tanzsaal, Gewächshaus u. Tierzüchterei, Vögel, Mäuse, Lurche, Kriechtiere, Fische. Einfach herrlich. Im Gewächshaus sind Pflanzen, da bleibt einem vor Staunen der Mund offen, es ist noch besser, als das im Pionierhaus. Der Schlafraum – bissel muffig. Aber das Haus ist die Villa eines Fabrikbesitzers u. ganz verzwickt. Man findet sich kaum zurecht".

***

1959

Aus dem Kinderferienlager „Karl Marx“ in Theisa bei Bad Liebenwerda sandte ein Junge am 5. Juli 1959 an seinen Onkel ein paar Grüße:

„Lieber Onkel Gerald!
Ich bin im Ferienlager in Taisah bei Bad Liebenwerta. Mir gefällt es sehr gut. Aaber an der Ostsee ist es besser. Viele Grüße an Hilde, Gristel und an Tante Teha vonn M.“

Die Karte enthält reichlich Rechtschreibfehler, das Kind war vielleicht erst 8 Jahre alt. Oft wurde mit Bleistift geschrieben, Wörter wieder durchgestrichen und das vermeintlich richtig geschriebene Wort daneben geschrieben.

Am Haus steht: KINDERFERIENLAGER „KARL MARX“ des VEB Reprocolor in Leipzig

Ebenfalls im Juli 1959 schrieb ein Ferienkind an seinen Vati eine Karte, die gleichzeitig als Geburtstagskarte gedacht war. Ein bisschen Heimweh geht aus dem Text hervor.

„Lieber guter Vati!
Ich wünsche dir einen recht schönen Geburtstag. Macht euchs recht gemüdlich[11]*. Denkt auch an mich. Es grüßt dich deine Angelika"*

Das Betriebskinderferienlager des VEB Sachsenwerk Dresden-Niedersedlitz befand sich in Geising im Osterzgebirge. Es waren einfache Unterkünfte, die heute wahrscheinlich nicht mehr existieren. Der Empfänger wohnte ebenfalls in Niedersedlitz auf der Bahnhofstraße und arbeitete bestimmt im Großbetrieb Sachsenwerk.

Kinderferienlager Geising/Erzgebirge im Sommer 1959

11 Anm.: gemüdlich – natürlich heißt es gemütlich, wurde aber im Originaltext so übernommen.

Auf der Karte ist im Hintergrund der Geisingberg zu sehen, welcher wahrscheinlich Ziel eines Ausflugs war. Auch heute noch können sich die Menschen nach einer ausgedehnten Wanderung durchs Erzgebirge freuen, im Berggasthof einzukehren.

Aber diese Anlage in Geising diente nicht nur als Ferienlager sondern FDJ-ler[12] mussten dort ihre Wehrausbildung in einem GST-Lager[13] absolvieren. Dazu gehörten politische Bildung und Exerzierübungen, die dem militärischen Spektrum zuzuordnen sind. Man sollte meinen, dass solche sich ständig wiederholenden Aktionen nicht mehr zeitgemäß wären. Doch jede Gesellschaftsordnung, ob nun unter einem Kaiser, Diktator oder Staatsoberhaupt in einer „Republik“ greift auf diese Übungspraxis zurück.

***

12 FDJ – Freie Deutsche Jugend (Organisation)

13 Anm.: Dazu ausführlicher im Kapitel „1972“ auf S. 74
GST = Gesellschaft für Sport und Technik

Ein Mädchen grüßte am 17. Juli 1959 ihren Bruder, der sich im FDJ-Ferienlager in Zingst/Darß befand. Sie verbrachte einen Teil der Ferien im Kinderferienlager Einsiedel bei Hildburghausen/Südthüringen.

Der Text:
„Lieber Stefan!
Ich habe Deine Karte dankend erhalten. Wie es auf der Karte ist muß es schön sein. Wie ist das Wetter bei Euch? Bei uns ist es schönes Wetter. Wir waren heute in Ilmenau, da haben wir Fische uns angesehen. So nun will ich schließen, denn ich muß noch an Mutti schreiben. Es grüßt Deine Gerda"

Die Kinder haben sich in Ilmenau Fische angesehen. Vermutlich besuchten sie den städtischen Zoo.

***

Als Abschluss der 1950er Jahre lasse ich einen Jungen zu Wort kommen:

„Lieber Vati, liebe Mutti und liebe Karin!
Wir sind hier gut angekommen. Hier ist es sehr schön. Das Lager liegt mitten im Kiefernwald. Das Essen schmeckt hier beschön. Ich habe erst 3 Mückenst.[iche] *Viele liebe Grüße*
Euer Bernd"

Der Junge befand sich im Pionierferienlager Groß-Köris, Kreis Königswusterhausen.
Beim Thema Essen wollte er vermutlich etwas anderes schreiben, hat sich aber gerade noch besonnen und *schön* geschrieben. Die Leser können sich vorstellen was *besch*... bedeutet.

Unbedingt erwähnenswert sind seine Mückenstiche, die er gezählt hat und stolz verkündet, dass es erst 3 Stück sind. Wahrscheinlich sind andere Kinder mehr geplagt als er.

Pionierlager in Gr. Köris Kreis Königswusterhausen

Auf dieser Karte aus den 1970er Jahren ist das Eingangstor mit dem Namen des Lagers abgebildet. Über der Aufschrift PIONIERLAGER steht:

Für Frieden und Sozialismus „Seid Bereit“.

***

Die 1960er Jahre

1960

Ein kleiner Junge schrieb im Juli 1960 aus Eberswalde an seine Eltern einen lustigen, als auch selbstbewussten Text:

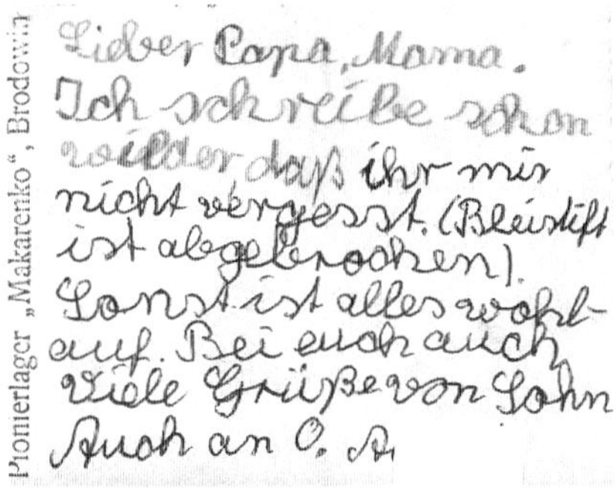

„Lieber Papa, Mama.
Ich schreibe schon wieder,
daß ihr mich nicht vergesst.
(Bleistift ist abgebrochen).
Sonst ist alles wohlauf. Bei
euch auch. Viele Grüße von
Sohn
Auch an O. A.“

***

Einige Kinder schrieben sehr fleißig an ihre Verwandten nach Hause. Meist schickten sie Karten an die Eltern, Großeltern und manchmal auch an Onkel und Tante. Ein etwa 10jähriges Mädchen aus Karl-Marx-Stadt, wie die Stadt Chemnitz in der DDR-Zeit hieß, schrieb am 13. August 1960 an ihre Oma ein paar Zeilen:

„Liebe Oma!
Ich bin gut angekommen. Das Essen schmeckt auch gut. Das Wetter ist nicht schön. Wir sind mit dem Bus gefahren. Viele Grüße Eure Heidi“

Sie befand sich in Zschopau (Sachsen) in einem Kinderferienlager. An die Eltern schrieb sie einen Tag später:

„Liebe Mutti u. Vati!
Ich bin gut angekommen, das Essen schmeckt auch gut. Das Wetter ist nicht schön. Ich habe die Turnschuhe vergessen. Schicke sie mir bitte. Michael folgt auch gut.
Viele Grüße Eure Heidi"

Wahrscheinlich war der genannte Michael ihr Bruder.

Die ersten drei Sätze sind bei beiden Postkarten identisch. Dann folgt die Aussage, dass die Turnschuhe vergessen worden sind. Die Oma soll wissen, dass sie mit dem Bus gefahren ist. Das war für sie vielleicht etwas Besonderes.

Überhaupt war immer mal wieder auf den Karten zu lesen, was man zu Hause vergessen hatte:

Zum Beispiel:
Ein Taschenmesser, Taschenlampe mit Birne und Batterie, Briefmarken, Briefumschläge, Zahnbürste, Turnschuhe, Gummistiefel, Kleidung wie Pullover und kurze Hosen. Auch eine „Menschesterhose" wird angefordert. Der Junge hat diese Bezeichnung vielleicht von „Mensch" hergeleitet. Aber es handelt sich hierbei um eine „Manchesterhose"[14], auch als Cordhose bekannt. Und natürlich mangelte es nach einiger Zeit auch an Geld, worauf die Kinder ihre Eltern aufmerksam machten.

***

14 Anm.: Manchesterhose war vorrangig eine Arbeitshose, wie schon auf Seite 18 erwähnt.

1961

Am 19. August 1961, nur wenige Tage nach dem Mauerbau in Berlin, schrieb ein Mädchen an ihre Mutti:

„Liebe Mutti!
Wie geht es Dir bist Du noch gesund und munter. [?] *Wir sind gesund und Essen gut. Du brauchst Dir keine Sorgen zu machen. Viele Grüße aus Dreibacken senden Dir Wolfi und Dani“*

Hier fängt der Text einmal nicht mit „Ich bin gut angekommen“ an, sondern mit „*Wie geht es Dir*...?“. Wahrscheinlich sind zwei Geschwisterkinder das erste Mal auf Reisen und die Mutti machte sich große Sorgen. Kleine Fehler wie fehlende Satzzeichen haben sich eingeschlichen.

***

1962

Eine Karte aus Obercunnersdorf in der Oberlausitz schickte ein etwa 8jähriges Kind Mitte Juli 1962 an seine Eltern. Anhand der Schrift und des Textes hat dieses Kind bestimmt erst die zweite Klasse abgeschlossen. Soweit mir bekannt ist, durften Kinder zwischen acht und vierzehn Jahren in das Ferienlager fahren.

Das Kinderferienlager in Obercunnersdorf befand sich im Schützenhaus, auch „Altes Schützenhaus" genannt. Das ist ein historisches Gebäude aus dem 19. Jahrhundert. Bis 1990 diente es als Betriebsferienlager der Wasserwirtschaft Cottbus. Heute befindet sich in seinen Räumlichkeiten ein Hotel.

Auf der Ansichtskarte unten rechts ist das Ferienlager Schützenhaus abgebildet

Dieser Ort ist bekannt auf Grund seines zahlreichen Bestandes an Umgebindehäusern. Das sind typische Wohnhäuser in dieser Gegend, aber man findet sie auch in Tschechien (Böhmen) und teilweise in der Sächsischen Schweiz. Auf dem Bild links ist ein solches Umgebindehaus abgebildet.

Der Text des Kindes:

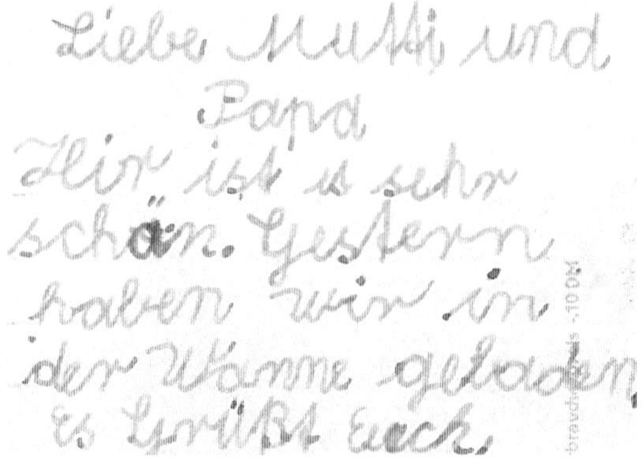
Liebe Mutti und
Papa
Hier ist es sehr
schön. Gestern
haben wir in
der Wanne gebaden.
es grüßt Euch

***

Ziemlich gewählt drückt sich ein Junge auf einer Karte an seine Familie aus. Er befand sich im <u>Juli 1962</u> in Zinnowitz/Insel Usedom.

Der Text:
„Liebe Oma, T. Erni u. Gerd u. Rudi! Mit großer Freude habe ich eure schöne Karte empfangen. Leider hatte es die letzten beiden Tage geregnet. Aber jetzt scheint es sich zu bessern. Heute haben wir unser Lager schöner gemacht. Mit vielen Grüßen Euer Bernd – Entschuldigt die Schrift!“

***

Ebenfalls im Juli 1962 wurde aus dem Kinderferienlager bzw. Zeltlager in Crispendorf nahe der Stadt Schleiz (Thüringen) eine Karte geschrieben. Auf dieser Karte ist das Zeltlager abgebildet – Blick von der Touristenstation steht gedruckt auf der Rückseite.
Das Kind schrieb folgende Zeilen:

Blick auf das Ferienlager in Crispendorf

*„Liebe Renate!
Wir sind gut hier angekommen. In einem Zelt liegen 20 Mädchen. Sie sind alle sehr prima auch eine prima Leiterin haben wir. Es ist sehr schönes Wetter. Und auch eine schöne Gegend ist es hier. Nun will ich schließen. Es grüßt Dich Britta
Verzeih bitte die Schrift. Wir haben keine Tische."*

Eine Touristenstation könnte eine Informationsstelle für Urlauber sein. Auch ein anderes Kind erwähnte diesen Begriff. Wenn man dieses Wort nicht vorher schon einmal gelesen hätte, würde sich die Bedeutung nicht sofort erschließen, denn die Schreibweise wurde arg abgewandelt: Das Kind schrieb an seine Oma:

„Wir gehen heute zur Toristenstatschon".

Crispendorf - Zeltlagerleben

Leider ist die Briefmarke entfernt worden, so dass das genaue Datum nicht vollständig zu lesen ist.

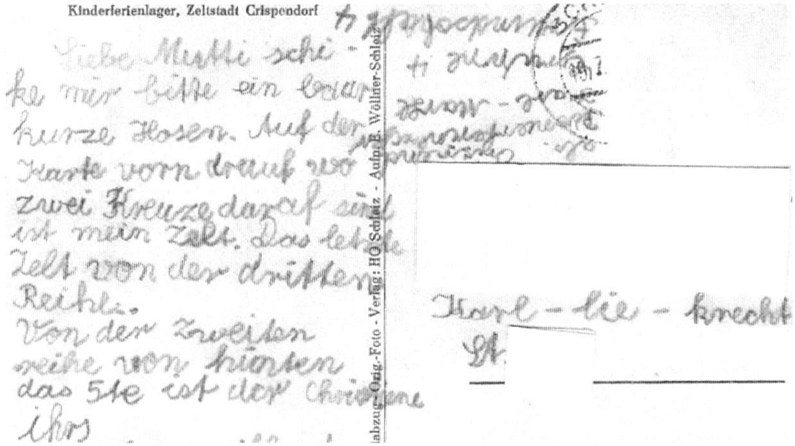

Vermutlich wurde die Karte vom Schulkind Dieter Ende der 1950er oder Anfang der 1960er Jahre geschrieben. Interessant ist die Schreibweise der Karl-Liebknecht-Straße! Beim Absender nennt er das Ferienlager – Pionierferienlager.

„Liebe Mutti schike mir bitte ein baar kurze Hosen. Auf der Karte vorn drauf wo zwei Kreuze daraf sind ist mein Zelt. Das letzte Zelt von der dritten Reihe.
Von der zweiten reihe von hinten das 5te ist der Christiene ihrs."

Die zwei Kreuze habe ich allerdings nicht entdeckt, aber die Beschreibung mit den zahlreichen Rechtschreibfehlern liest sich wunderbar.

***

Mehr als 20 Jahre später, im Juli 1984, schreibt ein Junge aus diesem Ferienlager. Inzwischen haben sich die Ansichtskartenmotive gewandelt. Allerdings gibt es die Kleinbahn bereits seit 1954 – heute „Ferienlandeisenbahn Crispendorf" genannt. Das Ferienlager entstand auf einem großen Gelände im Wisentatal nahe der Stadt Schleiz in Thüringen Anfang der 1950er Jahre als Betriebsferienlager der Wismut, einem Bergbauunternehmen. Zeitweise waren bei einem Durchgang bis zu 1000 Kinder untergebracht. Später wurde es dann Pionierferienlager.

Der Text:
„Liebe Eltern! Heute ist der 17.7.84
Ich habe mich verhört wir brauchen nicht die Schwimmstufen I und II sondern eine Erlaubnis der Eltern das ich Schwimmen darf. Durch den Regen ist schon unser Sportfest und das Ma-

növer ausgefallen. Heute waren wir in Burgk. Es hat nur ein bischen genieselt. In der Nacht ist es besonders schön...(lustig) Tschüß"

Auch heute noch existiert in Crispendorf ein Zeltplatz – das sogenannte „Ferienland Crispendorf". Allerdings sind nicht mehr alle Anlagen – wie beispielsweise das eben im Kartentext beschriebene Freibad – im ordnungsgemäßen Zustand. Es kann nicht mehr genutzt werden.

***

Noch eine Karte aus den 1970er Jahren. Ein Junge beschreibt seinen Großeltern in Sachsen kurz und knapp was ihm am besten gefiel.

Nach den obligatorischen Worten:
„Ich bin gut angekommen. Mir gefällt es gut."
folgt: *„Wir sind 16 Mann. Heute sind wir K-Wagen gefahren."*

***

Im Zusammenhang mit dem Ferienlager Crispendorf ist eine Karte aufgetaucht, die an dieser Stelle erwähnenswert ist. Sie wurde im September 1976 geschrieben. Das Lager diente nach den großen Sommerferien, so vermute ich, als Ausbildungslager für eine vormilitärische Ausbildung oder auch als Ausbildung für die Zivilverteidigung, so genau ist das der Karte nicht zu entnehmen.

„Hallo Eltern!
Endlich habe ich mal Zeit, um was für mich zu tun. Heute hatten wir Geländeausbildung, den ganzen Tag. Unsere Übungswiese war voll Kuhfladen, könnt Euch ja denken, wie wir aussehen. – Ums Essen muß man hier kämpfen, sonst gibts nur trocken Brot. Schmeckt auch nicht besonders. Am Donnerstag komme ich voraussichtlich nach Hause, muß aber so schnell wie möglich wieder weg.
Gruß U. Pionierlager Karl Marx"

Der Inhalt klingt nicht so toll. Ob es nur „trocken Brot" gab, wage ich zu bezweifeln. Man kann sich vorstellen, wie den Eltern zumute war, als sie die Nachricht ihres Sohnes lasen. Sie haben sich bestimmt Sorgen gemacht oder sie nahmen den Text nicht ganz ernst.

***

1963

Am 20. Juli 1963
wurde eine Karte nach Halle/Saale an den Vater auf die Reise geschickt, um die Ankunftszeit mitzuteilen.
„Lieber Vati“!
Wir kommen nicht Dienstag an. Wir kommen Mittwoch den 23. 6.08 Uhr früh in Halle mit den Postzug an. Sonst geht es mir noch gut. Ich habe gestern und heute Freischwimmen und Fahrtenschwimmen gemacht.
Gruß Uta“

Richtig heißt es natürlich: „mit dem Postzug“.

***

Im August 1963 schrieb das Schulkind Heidi aus dem Kinderferienlager des VEB Kraftwerk Karl-Liebknecht Bitterfeld in Pepelow Kreis Bad Doberan.
Sie teilte den Eltern gleich im ersten Satz mit, dass sie früh am Tage schon unterwegs war.

„Liebe Eltern!
Heute früh sind wir zur Steilküste gewandert. Wir gehen heute zum ersten Mal baden. Heute habe ich an Evelyn, Hans Jürgen und Monika auch schon geschrieben. Viele Grüße“

Diese Zeilen sind ein Beispiel, wie fleißig einige Kinder an ihre Verwandten geschrieben haben. Oft teilten die Kinder ihre unmittelbaren Erlebnisse mit, in diesem Fall ist es die Wanderung und das Baden. An der Ostsee die Ferien verbringen zu können, zählte zu einem besonderen Ereignis.

Am 24. Juli 1963 schrieb eine ganze Gruppe von Kindern, allerdings eine Mädchengruppe, an den Betrieb ihrer Eltern.

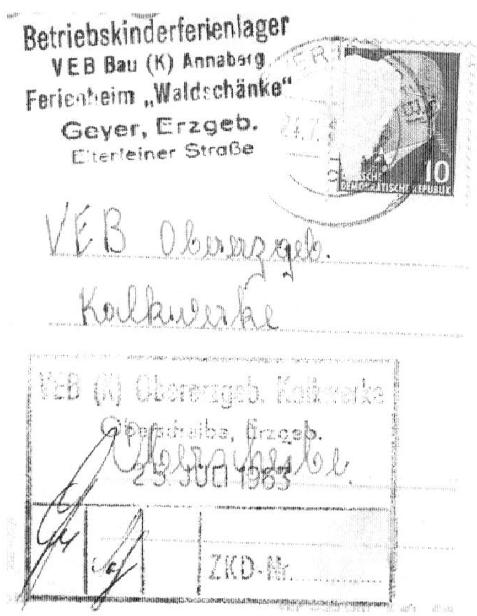

„Die herzlichsten Urlaubsgrüße von hier senden Euch Eure Kalkwerkkinder!

Wir danken dem Betrieb, daß er uns auch in diesem Jahr wieder frohe Ferientage erleben lies[15].“

Es folgen die Unterschriften der 7 Mädchen. Die Kinder sind im Ferienheim „Waldschänke“ untergebracht.

Soweit mir bekannt, existiert die Gaststätte in Geyer noch heute. Es ist eher selten, dass sich Kinder beim Betrieb bedanken.

Vielleicht wurde dieser Betrieb irgendwann nach 1990 – wie so viele in diesen Jahren – abgewickelt, wie es im Fachjargon heißt. Aber diese Karte fristete in irgendeiner Schublade ihr Dasein, bis sie schließlich im Internet landete und nun einer geschichtlich interessierten Person in die Hände fiel.

15 Anm.: Es muss natürlich „ließ“ heißen, denn es kommt von lassen und nicht von lesen. Aber das ist der Originaltext.

Da es sich um ein Betriebsferienlager handelt, bestand sicherlich die Möglichkeit, jedes Jahr die Ferien dort zu verbringen. Größere Betriebe unterhielten oft eigene Kinderferienlager.

„In jedem Jahr verbringen fast eine Million Mädchen und Jungen frohe Ferientage in etwa 6500 Betriebsferienlagern.“[16]

***

Und weil es vom Jahr 1963 keine weiteren Feriengrüße aus dem Ferienlager gibt, ergänze ich an dieser Stelle eine nette Karte aus **Berlin vom Müggelturm**. Vermutlich reiste eine Kindergruppe nach Berlin, aber ob sie zum Geburtstag des Staatsratsvorsitzenden der DDR eingeladen waren, denke ich eher nicht. Doch eine Karte erinnert an dieses „Ereignis“.

„1963 am 30.6. in Berlin zum 70. Geburtstag Walter Ulbrichts“.

16 Autorenkollektiv unter Leitung von Walter Hoyer (Hg. 1968): Handbuch für das Betriebsferienlager, S. 4

1964

Aus dem Pionierlager „Lilo Hermann“ in Bad Saarow-Pieskow grüßte der Olaf. Er verwendete als Anrede „*Meine Lieben*“, womit er wahrscheinlich seine Familie meinte. Anfang der 1960er durfte noch Besuch im Lager empfangen werden. Oder er war als Gruppenleiter eingesetzt. Das gibt der Karteninhalt nicht eindeutig preis. Jedenfalls wollte er unbedingt Besuch haben und das hat er auch mehrmals eingefordert.

Hier der eindringliche Textinhalt:

„*Meine Lieben!*
Bitte kommt am 16. Juli zu mir. Bringt das Geschenk mit. Bringt auch Mittagessen mit. Bitte schreibt mir ob ihr kommt. Aber kommt zu mir ich warte auf euch. Bringt Oma und Opa mit. Ich freue mich sehr wenn ihr kommt.
Olaf Grüßt alle!“

Bis auf den letzten Satz sind es ausschließlich Aufforderungssätze. Es klingt fast so, als würde er Geburtstag haben und sich die Familie als Gäste wünscht. Mehrmals wiederholt er seine Wünsche, damit sie auch wirklich seiner Bitte nachkommen. Das Mittagessen müssen sie aber gefälligst mitbringen, was sicherlich kein Problem darstellt. Allerdings wohnen die Verwandten in Karl-Marx-Stadt und da könnte es schwierig werden, das Essen bis Bad Saarow-Pieskow, am Scharmützelsee gelegen, warm zu halten.
Die genauen Gegebenheiten bleiben unbekannt.
Die Satzzeichen werden bis auf den Schlusspunkt komplett weggelassen.

***

1965

Im Winter 1965 grüßte ein Mädchen ihre Eltern in Berlin-Bohnsdorf. Sie berichtete vom erlebnisreichen Urlaub. Auf der Ansichtskarte ist das „Heim“ abgebildet. Es ist das FDGB-Erholungsheim „Wismut“ in Steinbach bei Johanngeorgenstadt im Erzgebirge. Es ist nicht eindeutig, ob das Gebäude als Kinderferienlager diente.

Ihr Text:
„Liebe Mutti, lieber Vati liebe Petra!
Von meinem erlebnisreichen Urlaub sende ich Euch schöne Grüße. Hier liegt mehr Schnee als auf der Karte. Ich bin beim Lang- u. Abfahrtslauf mitgelaufen. Viele Grüße von Ilona.“

Steinbach bei Johanngeorgenstadt (Erzgebirge)

***

Ein anderes Mädchen schrieb am 16. Juli 1965 an ihre Eltern einen einzigen Satz. Das Kartenmotiv ist aussagekräftig, denn nun können sich die Eltern eine Vorstellung vom Aufenthaltsort ihrer Tochter machen.

„Liebe Mutti und Vati
Eine andere Karte konnte ich nicht erwischen, ich habe unsere Baracke angegreuzt. Es grüßt Euch recht herzlich Monika"

Die Familie wohnte im Kreis Stollberg im Erzgebirge.

Lauscha/ Thüringer Wald: Kinderferienlager der VEB Steinkohlenwerke Martin Hoop Zwickau

Auch auf dieser Karte hat sich ein dialektgefärbter Fehler eingeschlichen. Es heißt natürlich „angekreuzt".

***

30. Juli 1965:
Ein Mädchen grüßte ihre Freundin, ansonsten gab es nicht viel Positives zu berichten:

„Liebe Andrea!
Viele Grüße aus Einsiedel sendet Dir Petra
Richtig gefällt es mir hier nicht. Aber das Essen ist prima. In den Zelten gibt es Ameisen."

Auf der Karte ist das Krankenhaus des Lagers abgebildet. Sie teilte ihrer Freundin ihre Adresse im Pionierzeltlager mit – offensichtlich in der Erwartung –, bald Post zu erhalten.

Es sind nur wenige Zeilen, aber sind diese doch aufschlussreich. Nach der vernichtenden Aussage, dass es ihr nicht gefällt, wird gleich im nächsten Satz positiv über das Essen berichtet. Nicht allen Kindern hat es im Ferienlager, hier speziell im Pionierzeltlager, gefallen. Weitere Beispiele werden in den 1980er Jahren ausführlicher beschrieben. Kinder gaben ungern zu, wenn es ihnen nicht so gut ging. Man spürt aus diesen Zeilen Petras Unwohlsein, aber irgendwie muss sie sich doch in die Gegebenheiten einfügen.

Die Aussage „in den Zelten gibt es Ameisen" zeigt, dass sie darüber nicht gerade erfreut ist.
Ameisen sind harmlose Tierchen, doch im Zelt möchte man sie eben nicht haben. Die Autorin hat im Juli 1980 in der damaligen Tschechoslowakei auf einem Zeltplatz ganz andere Erfahrungen mit Insekten gemacht. Die Zelte mussten nicht mitgebracht werden, sondern waren Teil der Ferienanlage. In den Feldbetten haben also schon viele andere Feriengäste geschlafen.

Hier der Textauszug:

„In Doksy angekommen, richteten wir uns im Zelt ein. Zwei Betten, eine Art Feldbetten, standen auf dem Rasen. Einen Zeltboden gab es nicht. Beim Betten beziehen stellten wir fest, dass es unter den Matratzen von Ohrenkneifern nur so wimmelte. Wir beförderten die Matratzen nach draußen und klopften sie erst einmal tüchtig aus."[17]

Erfahrungen anderer Art machte die Familie der Autorin bei einem Zelturlaub in Bansin/Usedom im Jahr 1971. Im Zelt gab es Mäuse! Für die Mutter der Autorin hieß es in puncto Zelturlaub: „Nie wieder". Und das hat sie auch beibehalten. Jeglicher Kommentar erübrigt sich.

***

17 Stosik, Claudia (Hg. 2019): Das kreativste Reiseland – Auf Reisen gehen...während der DDR-Zeit, S. 86

Im August 1965
verbrachte ein Ferienkind einen Teil der Ferien in Hertigswalde, einem Dorf in der Nähe von Sebnitz, in der schönen Sächsischen Schweiz. Sie schrieb am 6. August an ihre Eltern und Geschwister in Forst/Lausitz.

Allerdings ist die Karte mit einem Poststempel von Forst „FORST 700 Jahre Stadt der Tuche und Rosen“ versehen. Dann hat sie die Karte also erst nach Ankunft in Forst von zu Hause aus geschickt.

Sächsische Schweiz: Blick von der Bastei

„Liebe Eltern und Geschw.[ister]*!"*

Vielen Dank für Euer Päckchen. Ich bin gleich zum Klavier gerannt und hab gespielt. Wir haben heute sehr gutes Wetter. Nachmittag ist Puppentheater.

Noch liebe Grüße Eure Gerda"

Der Poststempel ist vom 7. August 1965. Dann hat das Mädchen Gerda die Karte am letzten Tag ihres Aufenthaltes noch geschrieben und gleich am nächsten Tag nach Ankunft in der Heimat in den Briefkasten geworfen.

Das soll es geben. Andere Beispiele zeigen ähnliches:
Der Bruder der Autorin schrieb ebenfalls am letzten Tag eine Karte mit der einzigen und kurzen Aussage

„*Ich bin gut angekommen*".

Nachdem er schon wieder zu Hause eingetroffen war, erhielten die Eltern schließlich seine Postkarte aus dem Ferienlager.

***

Die letzte Karte aus dem Jahr 1965 sandte ein Ferienkind aus Koserow/Usedom, wie es dem Briefmarkenstempel zu entnehmen ist. Aus dem Ferienlager des VEB Bergbau- und Hüttenkombinat Calbe (an der Saale) wurde an die Mutti in Leipzig geschrieben.

„Liebe Mutti!
Heute hat André das Päckchen bekommen. Die Bananen waren nicht mehr genießbar. Es war sehr schade um sie. Liebe Mutti, wenn Du das Päckchen mit dem Pullover noch nicht abgeschickt hast, dann schicke mir bitte Mückenschutzzeug mit. Mich haben die Mücken ganz schön gepiesackt. Ich habe jetzt nur noch 8,- M. Ich habe mir für 5,- M ungefähr Kerzen gekauft. Süßigkeiten habe ich mir faßt gar nicht gekauft, aber ich habe immer Appetit darauf. Es grüßt Dich Elke“

Die Mutti hat Bananen ins Ferienlager geschickt, aber diese Reise ist den exotischen Früchten wohl nicht gut bekommen. Wer weiß, wie lange so ein Päckchen unterwegs war. Meines Wissens war es nicht üblich, dass Kinder von zu Hause Obst und ähnliches zugeschickt bekamen.
Das Thema Taschengeld spielte eine große Rolle. Meist reichte das Geld nicht. Soweit ich mich erinnere, durfte auch nur ein festgelegter Betrag von etwa 15 Mark mitgenommen werden, um Ungleichheit zu vermeiden.
Auf vorliegender Karte weist das Mädchen auf das knappe Budget hin, berichtet aber gleichzeitig, was sie sich alles gekauft hat. Das Wort „faßt“ meint natürlich „fast“.

***

1966

Ein Kind schrieb Mitte der 1960er Jahre an die Eltern.
Der Text lautet:

Speiseraum des Ferienlagers in Alt-Schadow Kreis Lübben

„Liebe Eltern
Wir waren vorgestern in Berlin. Wir besichtigten das Brandenburger Tor und den Fernsehturm. Hier ist es sehr schön besonders das Essen schmeckt gut. Ich bin in großer Geldnot. Von meinen 14 M habe ich nur noch 2,70 M. Ich habe nur soviel Geld verbraucht, weil ich 5M in Berlin gelassen habe. Nun will ich Enden[18]*"*

18 Anm.: Enden heißt als Verb enden. Das Kind dachte bestimmt an das „Ende".

Sie verwendete als Anrede „*Liebe Eltern*", was eine Ausnahme unter den vorliegenden Karten ist:
Und nicht wie so oft „*Liebe Mutti, lieber Vati"!*

Auch auf dieser Karte klagt die Schülerin darüber, knapp bei Kasse zu sein. Manchmal schickten die Eltern oder Großeltern 5 Mark, damit sich das Kind mal ein Eis oder eine Ansichtskarte kaufen konnte. Dafür waren nur Pfennigbeträge notwendig, aber trotzdem reichte das Geld nie!

Das Kinderferienlager befand sich in Alt Schadow (Kreis Lübben). Es hatte die Bezeichnung:

Kinderferienlager „Fritz Weineck" Ferienobjekt des
VEB Chemiefaserwerk „Wilhelm-Pieck-Stadt Guben",

der Stadt, die seit 1961 diesen Namenszusatz erhalten hatte. Mit dem Ende der DDR entfernte man den Namen des Ersten Präsidenten der DDR, Wilhelm Pieck, weil ein anderes Gesellschaftssystem herrschte und weil der Politiker sowieso schon seit Jahrzehnten das Zeitliche gesegnet hatte. Aber man hielt bis zum Ende der DDR an dieser Namensgebung fest. Guben ist eine Grenzstadt zu Polen und befindet sich an der Neiße. Sie ist auch eine zweigeteilte Stadt, da die Neiße die beiden Stadtteile trennt oder miteinander verbindet, je nach Betrachtungsweise. Die meisten der einst zahlreichen Betriebe in Guben und Umgebung existieren heute nicht mehr.

***

Am 13. Juli 1966 schrieb ein Junge an seinen Vater:

„Lieber Pappi!
Zuerst möchte ich Dir recht herzlich zu deinem Geburtstag gratulieren und ich wünsche dir weiter ein gutes Leben. Das Wetter ist wächselhaft. Gebadet haben wir erst einmal. Das Essen ist gut. Die Umgebung ist sehr schön. Nun möchte ich schließen. Viele Grüße von Hans"

Das Wort „wächselhaft" wurde auf der Karte so geschrieben. „*Ich wünsche dir weiter ein gutes Leben*" ist ein liebevoller Wunsch eines Kindes. Dieser Satz beinhaltet alle Dinge wie Gesundheit, Erfolg und Spaß, die sonst einzeln aufgeführt werden.

***

Nicht aus dem Ferienlager, sondern aus dem Urlaub in Rathewalde/Sächsische Schweiz, schrieb eine Jugendliche am 15. August 1966 an ihre Tante in Sachsen eine Ansichtskarte mit einem lesenswerten Text.

„Mittags" Restaurant in Rathewalde/Sächsische Schweiz
Mittag heißt der Name der Familie

Das Kartenmotiv ist von daher interessant, weil die große Gaststätte als Gebäude noch existiert, aber leider leer steht. Im Jahr 1966 herrschte hier noch reger Ferienbetrieb.

„Liebe Tante Traudel!
Wir wollten eben baden gehen, da fängt es an zu wittern. Wir haben uns schon die Umgebung angesehen. Es ist überall sehr schön, aber weit. In dieser Gaststätte essen u. schlafen wir. Es schmeckt sehr gut, am besten die Eisbecher. Wir haben auch

warmes Wasser. Auch die Veranstaltungen sind schön. Ich war schon mit der Mutti tanzen. Es grüßt Dich u. Müllers Eure Inge, sowie Mutti"

Die Umgebung findet das Mädchen sehr schön, aber die weiten Wanderungen behagen ihr offensichtlich nicht. Da sie schon mit der Mutti eine Tanzveranstaltung besucht hat, gehe ich davon aus, dass sie wenigstens 14 Jahre alt war. Und in diesem Alter gehen die meisten Jugendlichen nicht gerne wandern. Da stellt sie keine Ausnahme dar. Allerdings befindet sich der Ort Rathewalde mitten im Wandergebiet der Sächsischen Schweiz!

Wie schon anfangs erwähnt, schreibt das Mädchen, dass sie hier auch warmes Wasser hätten. Das war Mitte der 1960er Jahre wahrscheinlich noch keine Selbstverständlichkeit für jeden Haushalt.
Auch meine Großeltern, die in einer Ende der 1930er Jahre gebauten Doppelhaushälfte wohnten, verfügten weder über Bad noch Wasserklosett. Lediglich in der Küche war an der Wand eine sogenannte Gosse angebracht, natürlich nur mit kaltem Wasser. Wer warmes Wasser haben wollte, musste einen großen Topf auf dem Gasherd erwärmen oder im Winter im gußeisernen eingebauten Küchenofen das heiße Wasser herholen. Dazu musste natürlich ständig Holz und Kohle nachgelegt werden. Man war also pausenlos beschäftigt. So kenne ich es noch aus den 1970er Jahren.
Allerdings muss ich ergänzen, dass das eben genannte Haus der Großeltern aus Sparsamkeitsgründen so spartanisch gebaut wurde. Schon während der Kaiserzeit baute man mitunter, wer es sich leisten konnte, moderne Wohnungen mit Heizung und Badezimmer. Das nur nebenbei.

***

1967

Auf einer Karte aus dem Kinderferienlager „German Titow“ in Hochenlychen entschuldigt sich ein Kind gleich im ersten Satz für die vermeintlich schlechte Schrift. Das Mädchen schickte an ihre Mutti ein paar Zeilen wie folgt:

„Liebe Mutti
Bitte entschuldige meine schrift. Hir ist es sehr schöhn. [Der Buchstabe h wurde wieder durchgestrichen]. *Wir haben auch eine sehr nette Helferin. Bitte schicke mir ein Päckchen.*
Deine Heide“

Auch hier wimmelt es nur so von Rechtschreibfehlern. Die Anschrift hat vermutlich eine Helferin geschrieben. Päckchen wurde erst mit B geschrieben und dann doch noch das P etwas verstärkt.
Die Autorin weilte mit ihren Eltern und Geschwistern im Sommer 1968 in Lychen am See, das Bild unten zeigt die kleine Stadt im Hintergrund.

Das Datum auf folgender Karte war nicht lesbar, aber die Briefmarke gab Auskunft, um welches Jahr es sich hierbei handelte.

Die DDR-Briefmarke mit einem Wert von 10 Pfennig stammte aus der Serie: Vermißte Gemälde (damals noch mit ß geschrieben). Das Motiv heißt:

„traubenpflückendes Mädchen“ von Gerard Dou[19] (1613-1675). Der Erstausgabetag war der 7. Juni 1967.

Bei dieser Ansichtskarte muss man raten, ob die Karte ein Mädchen oder ein Junge geschrieben hat, denn es finden sich weder Anrede, Datum noch ein Abschiedsgruß. Der Text ist informativ, aber unpersönlich. Wie so oft, beginnt er mit:

„Ich bin gut angekommen. Mir geht es gut. Es ist sehr heiß. Wegen dem Wasser brauchst du keine Angst zu haben. Es sind so viele Verbote da, daß nichts passieren kann. Die Nacht hat es stark geregnet, aber ich bin trocken geblieben.
Pionierlager Am Frauensee in Gräbendorf“

Wahrscheinlich schrieb das Kind doch nur an seine Mutter, denn es spricht sie auf der Karte mit „du“ an und Angst haben doch meist nur die Mütter.

***

19 Anm.: Gerard Dou * 1613 in Leiden, † 1675 ebd. war ein niederländischer Barockmaler. Einige Werke von ihm befinden sich auch in der Gemäldegalerie „Alte Meister“ in Dresden.

1968

Nicht nur im Sommer verreisten die Kinder ins Ferienlager, nein, auch im Winter starteten sie in den Schulferien ins Ferienlager. Eine Ansichtskarte aus dem Kinderferienlager „Friedrich Fröbel“ in Neu-Köthen, Kreis Königs Wusterhausen belegt das.

Das Kartenmotiv sagt nichts über die Jahreszeit aus und das Datum ist auf dem Stempel unleserlich. Aber die Briefmarke ist interessant, denn sie bildet einen Sportler der X. Olympischen Winterspiele 1968 ab. Es handelt sich hierbei um eine Sonderbriefmarke.

Auch auf dieser Karte ist nicht erkennbar, ob es sich um ein Mädchen oder einen Jungen handelt, weil der oder die Absenderin nur die Anfangsbuchstaben des Namens verwendet. Die Empfänger, also wahrscheinlich die Eltern, wohnten in Zeuthen. Dem Text nach zu deuten, wird es bestimmt ein Junge gewesen sein, denn welches Mädchen isst soviel!
Der Text lautet:

„Ihr Lieben alle!
Ich bin gut angekommen. Mir geht es gut. Gestern am 13.2.68 um 22.40 weckte uns unsere Lehrerin Frau Z. und sagte es wäre Alarm. Wir noch halb schlafend aus den Betten und machten eine Nachtwanderung. Heute habe ich zu Mittag 3 Schüsseln Götterspeise, 1½ Bockwürste und 1 Teller Linsensuppe gegessen.“

***

Im Sommer 1968
schickte ein Junge eine Ansichtskarte aus dem Ferienlager an seine Großeltern. Der Poststempel stammt von Eberswalde im Bezirk Frankfurt/Oder. Die Ansichtskarte stellte man eigens für das Betriebskinderferienlager her.

Er schrieb am 21. August 1968, kurz und knapp, eher belanglose Zeilen:

„Lieber Opa liebe Oma!
Das Wetter ist hier sehr schlecht. Gestern waren wir baden. Das Wasser war sehr kalt. Viele Grüße Euer Rainer"

***

Ebenfalls im August 1968 flatterten Grüße aus dem Ferienlager nach Hause zu den Eltern in Halle an der Saale:

*„Liebe Mutti u. lieber Vati!
Ich bin gut angekommen. Sabine schläft über mir. Die Zahnpörste habe ich nicht mit. Die Bohnsuppe schmeckte salzig, das war schöne enfangsuppe. Unsere Erzieherin ist nett, sie heißt Fräulein S. Viele Grüße sendet Euch Ilona"*

Im Text befinden sich gravierende Rechtschreibfehler, aber es sind ehrliche Zeilen an die Eltern. Das Wort „enfangsuppe" ist unschwer als „Empfangssuppe" zu erkennen. Am ersten Tag gleich eine versalzene Suppe vorgesetzt zu bekommen, könnte darauf hinweisen, dass das Essen hier nicht besonders gut ist.

Speziell für das Ferienlager des Betriebes VEB (IFA) Karosseriewerke gedruckte Ansichtskarte

Auch die Schreibweise von Zahnbürste wirkt mundartlich. Man kann sich vorstellen: wie der Dialekt, so die Schreibweise. Vielleicht ergibt sich die Möglichkeit, vor Ort eine Zahnbürste zu kaufen. Oder die Eltern schicken eine ins Lager, denn zwei Wochen lang nicht die Zähne zu putzen, ist keine gute Lösung. Mehr darüber erfahren wir jedoch nicht.

Die genannte Sabine könnte die Schwester gewesen sein, die über Kind Ilona im Doppelstockbett schlief. Das Kinderferienlager befindet sich in Neudorf im Harz. Mehr Inhalt gibt der Kartentext nicht preis.

IFA heißt Industrieverband Fahrzeugbau.

***

1969

„*Grüße aus Klausdorf*" sendete eine Schülerin im Juli 1969.

Es handelt sich um ein Betriebsferienlager des VEB Elektrogerätewerk Gornsdorf im Erzgebirge. Auf der Ansichtskarte sieht man außer den Baracken und dem See auch die Inneneinrichtung mit Fernseher in der Ecke. Das war schon fortschrittlich. Die Eltern der Autorin besaßen im Sommer 1969 noch kein Fernsehgerät. Und wenn Menschen solch ein Gerät im Wohnzimmer stehen hatten, war es mit großer Wahrscheinlichkeit ein schwarz/weiß Fernseher.

Kreis Zossen/Brandenburg

Das Ferienkind Ursula schrieb an die Mutti und wahrscheinlich den Bruder:

„Liebe Mutti und Wolfgang!
Ich bin gut in Klausdorf angekommen. Das Essen schmeckt sehr gut. Unser Gruppenleiterin heißt Frau W. Heute gibt es Bananen und Tomaten zum Abendbrot. Das Wetter ist gut. Wir fahren am Donnerstag in den Tierpark. Viele Grüße von Eurer Ulla“

Im Jahr 1969 erwähnt das Mädchen, dass es Bananen und Tomaten gibt. Das war etwas Besonderes, denn vor allem Bananen gehörten zur Mangelware. Tomaten konnte sich manch einer im Garten selbst anbauen. Diese kurzen Mitteilungen auf den Ansichtskarten spiegelten mitunter den DDR-Lebensstandard wieder. Die Mangelwirtschaft war jedem bekannt. Wer Bananen nicht kannte, vermisste sie auch nicht. Aber wie man lesen kann, empfanden Kinder die Südfrüchte auch als etwas Besonderes.

***

Sorgen ganz anderer Art hatte ein Junge, der am 18. Juli 1969 aus dem Ferienlager am Frauensee an seinen Onkel in Berlin-Köpenick schrieb:

„Lieber Onkel Alfred!
Heute haben wir Lagerwache. Ich kann Dir nicht so oft schreiben weil es keine Briefmarken und keinen Briefkasten im Lager haben [gibt]. *Die Karte die ich Dir geschrieben habe habe ich in Prieros in den Briefkasten gesteckt."*

Außer dem Satz „*Heute haben wir Lagerwache*" bezieht sich der gesamte Karteninhalt auf den fehlenden Briefkasten bzw. die daraus entstehenden Konsequenzen, indem das Kind, vermutlich ein Junge, nur selten dem Onkel schreiben kann. Vielleicht ist der Junge darüber gar nicht böse, denn das Schreiben bereitete nicht jedem Kind Spaß.
Aber auch über dieses Thema machten sich die Organisatoren Gedanken:

> „Nach dem Eintreffen im Lager werden wir die Mädchen und Jungen sofort anregen, ihren Eltern die erste Postkarte zu schreiben. Sorgen wir dafür, daß genügend Postkarten und Briefmarken bereitgehalten werden."[20]

Satzzeichen, insbesondere Kommas, werden komplett weggelassen. Auch werden am Ende des Kartentextes keine Grüße gesendet und der Name fehlt sowieso. Der Onkel wusste wahrscheinlich, von wem er Post erhielt.

***

20 Autorenkollektiv unter Leitung von Walter Hoyer (Hg. 1968): Handbuch für das Betriebsferienlager, S. 64

Ebenfalls im Sommer 1969,
am 13. August, ging eine Karte aus dem Ferienlager in Hartmannmühle nahe Geising nach Berlin auf die Reise. Heute befindet sich im Ortsteil Hartmannmühle, direkt am Flüsschen Müglitz gelegen, ein schöner Wildpark. Im Jahr 2002 beim „Jahrhunderthochwasser" in Sachsen wurden weite Teile des Parks überschwemmt und verwüstet. Das Ferienlager befand sich ebenfalls nahe am Wasser. Ob die damaligen Gebäude mit in den neu entstandenen Wildpark integriert worden sind, entzieht sich meiner Kenntnis. Wäre aber denkbar.

Der Junge schrieb:

„Liebe Eltern u.Liebe Ellen!
Ich bin gestern gut angekommen. Das Essen ist gut, bloß der Tee schmeckt nicht. Hartm. ist 3 km weg von hier. Heute wandern wir hin. Heute ist es hier furchtbar kalt.
Viele Grüße Euer Rolf"

Furchtbar kalt ist vielleicht etwas übertrieben, jedoch können die Temperaturen im Erzgebirge, wie hier in einer Höhenlage von ungefähr 800 Metern, auch im Sommer sehr niedrig sein.

***

Die 1970er Jahre

1970

Der Poststempel ist nur teilweise lesbar, weil die Briefmarke entfernt wurde. Vermutlich wurde diese Karte aus Steinbach bei Freiberg/Sachsen <u>um 1970</u> geschrieben.

Die Empfänger, also die Eltern wohnten damals in Dresden. Vielleicht wohnen sie heute noch da.

Der Sohn schrieb an die Eltern und den Bruder folgende Zeilen:

„Vielen Dank für Euren Brief. Das Steinbach was ihr meint ist es. Wenn ihr herkommen solltet, bringt bitte meine Taschenlampe und Batterie und Birne mit. Oder schickt es. Mir gefällt es sehr gut. Heute haben wir eine Katze im Wald gefunden und mit ins Lager genommen. Viele Grüße Bernd"

***

Im Sommer 1970 grüßte das Schulkind Doris ihre Eltern in Auerbach/Vogtland.

„Viele Grüße aus Bad Saarow sendet Doris
Hier ist es sehr schön. Verpflegung einwandfrei. In den Zelten ist es zwar kalt, aber die Decken reichen aus, um sich wieder warm zu machen."

Kalte Sommer soll es ja immer wieder einmal gegeben haben, auch der Sommer 1978 gehörte dazu. Allerdings wohnte die Autorin nicht in einem Zelt, daher konnten die nahezu arktischen Temperaturen besser vertragen werden.

Es ist schon erstaunlich, auf was für Gedanken Kinder kommen, wenn sie über eine Bettdecke schreiben.

***

Das Jahr 1970
schließt mit einer Karte von einem Ferienlager, welches in einer Schule in Rodewisch im Vogtland untergebracht war. In den Ferien nutzte der Betrieb, das VEB Strumpfkombinat „Esda Thalheim“ dieses Gebäude als Betriebsferienlager für die Kinder seiner Mitarbeiter. Eine Schule als Unterkunft für die Ferienkinder bildete eher eine Ausnahme.

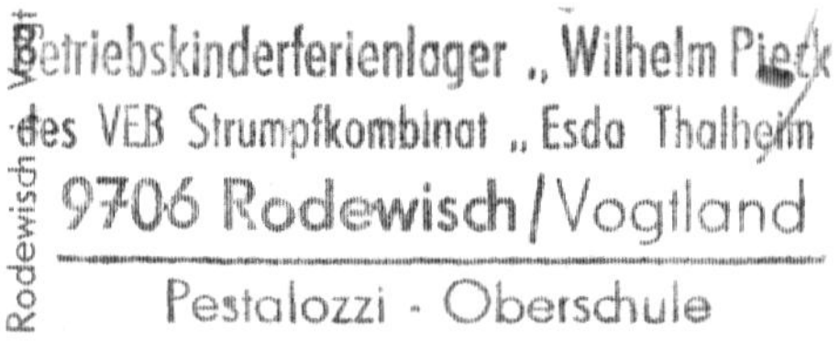

Der Name „Esda“ ist auch heute noch vielen Menschen bekannt, zumindest den Generationen, die die DDR noch erlebt haben.
→ Zur Geschichte:
Eine erste Strumpfwirkerei lässt sich mit dem ersten Strumpfwirker Melchior Hahn im Jahr 1730 nachweisen. Der Ort wurde erst durch die Strumpfindustrie zur Stadt. Zu Spitzenzeiten produzierten 52 Betriebe Textilien, vor allem Strumpfwaren. Nach 1945 schloss man alle Strumpfwirkereien zu einem großen Kombinat zusammen – dem VEB Strumpfkombinat „Esda Thalheim“. Es war einer der größten Betriebe in der DDR mit Hauptsitz in Thalheim. Nach 1990 brach die Produktion ein und bis 2010 wurden viele der alten Fabrikgebäude abgerissen. Im Jahr 1950 lebten ca. 10.000 Einwohner in Thalheim – heute nur noch die Hälfte.[21]
Das Kind schrieb lediglich: *„Liebe Großeltern! Mir geht es noch gut. Am Freitag hatten wir Sportfest. Viele Grüße D.“*

21 Q.: Internet – Thalheim/Erzgeb. – Wikipedia

1971

Ebenfalls aus dem Vogtland, aus Grünheide, schickte ein Mädchen am 9. Juli 1971 ein paar Zeilen an die Oma in Taucha auf die Reise:

„Liebe Oma!
Mir gefällt es hir [im Original so geschrieben] *sehr gut. Ich habe schon an Susi geschrieben. Das Lager ist sehr groß. Das Wetter war bis jetzt sehr schön. Alle haben viel Durst. Das Bad wo wir badeten ist in Brunn. Viele liebe Grüße. Deine Katrin“*

***

Im Gegensatz zum vorhergehenden Beitrag gefällt es einem Mädchen im Pionierlager überhaupt nicht. Sie beschwert sich bei ihrer Freundin, dass sie ihr etwas ganz anderes berichtet hätte. Sie antwortet der besagten Freundin:

„29.7.71
Liebe Elke!
Es geht hier alles anders herum als du erzählt hast. Hier gefällt es mir nicht, denn es ist sehr langweilig. Wir gehen meißtens Wandern. Wir waren erst zweimal baden. Heute machen wir eine Nachtwanderung. Unser Bungalo ist nicht drauf. Viele Grüße von Silke“

Sie war in Prebelow (Kreis Neuruppin) im Zentralen Pionierlager „Wilhelm Florin“. Im Kartentext stecken einige Fehler, zum Beispiel fehlt bei Bungalow das „w“, wahrscheinlich weil es nicht ausgesprochen wird. Auch hat sie ein paar Mal Wörter korrigiert. Die beschriebenen Aktionen sind nicht gerade ein

Indiz dafür, dass es im Lager langweilig ist. Aber vielleicht hat sie noch keine Freunde gefunden und fühlte sich deswegen allein.

Eine Karte aus der Nähe von Königswusterhausen in Brandenburg erhielten die Eltern eines Ferienkindes im August 1971. Ob es ein Junge oder ein Mädchen ist, bleibt offen, weil die Grußworte fehlen. Es schreibt vor allem über das Thema Geld, aber dieses Mal im positiven Sinne. Erstaunlicherweise wird nicht, wie sonst üblich, über die Geldnot geklagt. Im Gegenteil – das Kind lässt sein Geld aufbewahren. Ausnahmen gab es also auch.

„Liebe Mutti und Vati!
Ich habe 15 Mark zur aufbewahrung abgegeben. Insgesamt habe ich 29 Mark. Ich schreibe in 2 Tagen wieder.“

Die Aufbewahrung wird natürlich als Substantiv groß geschrieben.

***

1972

Omas erhielten oft Post von den Enkeln, wie auch diese Ansichtskarte vom 12. August 1972 belegt. Ehrlich schreibt der Junge über ein haushoch verlorenes Spiel. Um welches Spiel es sich hierbei handelt, verrät er nicht.

Interessant ist auch das Briefmarkenmotiv über die Gesellschaft für Sport und Technik = GST. Jene Gesellschaft bestand im Jahr 1972 20 Jahre. Das Motiv auf der 10-Pfennig-Briefmarke zeigt Fallschirme und Motor-Kunstflug. Allein im Jahr 1972 gab die DDR insgesamt 94 verschiedene Briefmarken heraus. Anlässe gab es genügend, beispielsweise die Olympischen Spiele in der BRD.

***

Auf der nächsten Karte aus dem Jahr 1972 kündigt ein Kind seine Ankunft schon an. Es befindet sich in Werder in einem Zentralen Pionierlager. Auf der Karte hat es die Motive nummeriert und rückseitig beschrieben.

„Liebe Oma!
Zwar komme ich bald wieder, doch ich will Dir nocheinmal[22] *schreiben. Wie geht es dir?*

1. Eingang
2. Bungalow
3. Krankenstadion[23]
4. Strand

22 Anm.: „nocheinmal" ist der Originaltext auf der Karte.
23 Anm.: Das Kind dachte vielleicht an ein Stadion. Es heißt natürlich Krankenstation.

Ein neuer Begriff taucht auf einer Ansichtskarte aus dem Pionierlager in Prebelow (Kreis Neuruppin) auf. Das Wort „Kollektiv“ wird von einem etwa 8jährigen Kind eingebracht. Von allein kommt ein Kind bestimmt nicht auf die Idee, dieses Fremdwort zu benutzen. Aber im alltäglichen Sprachgebrauch hörte man „Kollektiv“ recht häufig.

Kollektiv hat aber nicht unbedingt nur mit dem Pionierlager zu tun, auch im Betriebsferienlager legte man Wert auf ein Ferienkollektiv:

> „Auch das Ferienkollektiv gründet sich deshalb auf die Aktivität und die Mitarbeit aller seiner Mitglieder. Dieses Mitwirken aller ist möglich, weil die allgemeinen Interessen des Ferienkollektivs und die persönlichen Interessen der einzelnen weitgehend übereinstimmen und weil jeder im Kollektiv grundsätzlich gleichberechtigt ist.“[24]

Das betreffende Kind schrieb im Sommer 1972 eine nette Karte an seine Mama und die Familie. Ob es Mädchen oder ein Junge ist, bleibt offen, da die Unterschrift und die Grußformel fehlen.

„Liebe Mama und Famiele. Das Essen schmeckt gut. Das Wetter auch. Ich bin noch munter. Und ordne mich ins Bungalokolektiv ein.
Meine Adresse: Zentrales Pionierlager Prebelow“

Das Wort Bungalowkollektiv ist wahrscheinlich eine Wortschöpfung des kleinen Ferienkindes.

---

24 Autorenkollektiv unter Leitung von Walter Hoyer (Hg. 1968): Handbuch für das Betriebsferienlager, S. 87

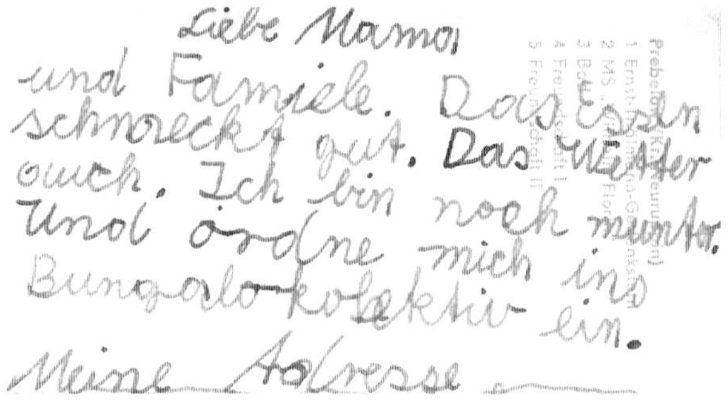
Liebe Mama
und Famiele. Das Essen
schmeckt gut. Das Wetter
auch. Ich bin noch munter.
Und ordne mich ins
Bungalo-kolektiv ein.
Meine Adresse

Beim Schreiben des Wortes Familie wiederholt sich auch bei anderen Kindern oft derselbe Fehler, indem das ie mit dem i verwechselt wird. Zugegebenermaßen ist die Schreibweise nicht ganz einfach. Auch die Rechtschreibung der Wörter „Bungalow“ und „Kollektiv“ beherrscht nicht jedes Kind fehlerfrei, handelt es sich doch um Fremdwörter.
Den Papa erwähnt das Kind in der Anrede nicht, aber in der Empfängeranschrift wird er angegeben.

***

Im gleichen Jahr, also 1972, sandte ein Mädchen eine Karte aus Straussberg im Kyffhäuserkreis an ihre Eltern in Thüringen. Auch sie schreibt in der Anrede statt Familie „Famiele“.

Wie man liest, muss sie sich unsicher in der Schreibweise von d und t gewesen sein, denn statt „drücken“ schrieb sie „trücken“. Dazu kommt der noble Straßenname „Belvedere Allee“, wobei sie weiterhin das „d“ durch ein „t“ ersetzt, indem sie „Belvetere Allee“ schreibt.

*„Liebe Famiele
Ihr dürft uns nicht besuchen. Schreibt mir auch mal. Wir waren schon im Bad. Die neuen Schuhe trücken mir sehr."*

Schon beim Lesen der Mitteilung über die unbequemen Schuhe hat man Mitleid mit dem Kind. Ein zweites Paar Schuhe wird kaum vorhanden gewesen sein und nun muss sich das arme Kind während der schönsten Wochen des Jahres mit Blasen an den Füßen herum quälen. Früher gingen die Kinder meist barfuß, da gab es solche Probleme nicht.

***

Als Abschluss des Jahres 1972:
Ebenfalls aus Straussberg schreibt ein Mädchen an ihre Freundin in Erfurt – allerdings keine erfreulichen Zeilen:

*„Liebe Gabi!
Ich war ziehmlich enttäuscht als wir im Lager ankamen. Die Unterkunft ist saumiserabel. Wir sind nicht in Straussberg bei Berlin sondern bei Sondershausen. Das Wetter ist auch nicht schön. Disko haben wir schon zweimal gehabt und Kino. Die Nächte sind hart und kalt. Nun will ich schließen es grüßt Dich Petra"*

Über kalte Nächte berichten auch andere Kinder. Und das die Betten bzw. die Matratzen nicht immer in optimaler Qualität vorhanden sind, wird noch an anderer Stelle berichtet.

***

1973

Lengenfeld im Vogtland hieß das Ziel, als die Autorin das erste Mal mit am Ferienlagerleben teilnahm. Wenige Karten zeugen davon. Dieses Objekt nutzte das VEB Landbaukombinat Dresden, der Betrieb ihres Vaters.

Einige Briefe an die Verwandtschaft komplettieren die Sammlung, so dass auch hier die damaligen Erlebnisse noch einmal in der Erinnerung aufleben. Am 21. Juli 1973 schrieb die Autorin an ihre Eltern:

„....*Vielen Dank für Euren Brief und für Opas Brief. Unsere Erzieherin hat heute Ausgang und da weiß ich überhaupt nicht was ich machen soll. In der Freizeit basteln und wandern wir viel. Heute waren wir im Bad. Gestern hatten wir Tanzabend da gab es Bole[25] und Rostbratwurst.“*

Ich erinnere mich, dass wir einen Ausflug zur Göltzschtalbrücke unternahmen. Das ist die größte Ziegelstein-Brücke der Welt. Sie wurde bereits im Jahr 1851 fertig gestellt. Das Viadukt mit 98 Bögen gilt als ein Wahrzeichen des Vogtlandes und überspannt zweigleisig auf der Bahnstrecke Leipzig-Hof das Tal der Göltzsch zwischen den Orten Reichenbach und Netzschkau.[26]

Auf einer weiteren Karte mit demselben Motiv, wahrscheinlich mangels anderer Kartenansichten, wurde noch einmal an die Eltern geschrieben.

„Liebe Mutti lieber Papi!
Ich bin gut angekommen. Mir gefällt es hir sehr gut. Das Essen schmeckt gut. Die Geburtstage werden hir gefeiert. Schreibt bitte!!! Viele Grüße Deine Claudia
Schreibt bitte!“

Die Autorin war gemeinsam mit ihrer Schwester im Kinderferienlager. Die Aussage *„Die Geburtstage werden hir gefeiert“* stimmte schon einige Tage später nicht mehr, so dass sich Enttäuschung breit machte. Ihr Vater schrieb in einem Brief an seine Eltern am 30. Juli 1973:

„Claudia und Ch. Sind nun auch wieder eingetroffen. Es scheint beiden gut gefallen zu haben, obwohl man das aus

25 Anm.: Das ist kein Tippfehler, sondern Originaltext
26 Q.: Internet – Göltzschtalbrücke – Wikipedia

Claudias Briefen nicht unbedingt entnehmen konnte. Sie wollen jedenfalls beide im nächsten Jahr wieder mitfahren.

Im Jahr 1974 war das kleine Ärgernis vom vergessenen Geburtstag längst überwunden. Jedoch lockte in den Sommerferien das Ferienlager wieder, welches dieses Mal an einem See in Brandenburg statt fand. Dazu später.

***

Aus dem Pionierlager „Peter Göring" in Bad Klosterlausnitz schrieb am 1. März 1973 eine Schülerin. Das Datum wird meist von den Absendern weggelassen, so dass der Datumstempel, oft nur mit Lupe zu lesen, entziffert werden muss. Es handelt sich um ein Pionierlager, aber die Kinder und Jugendlichen waren, nicht wie so oft in Zelten, sondern in Häusern untergebracht.
Der Text ist sehr aufschlussreich, denn bei diesem Aufenthalt geht es überhaupt nicht um Erholung, Spiel und Spaß.

Auf der Rückseite der Ansichtskarte steht:
Kinderferienlager „Peter Göring" des VEB BKK Geiseltal
(Braunkohlekombinat)

„Liebe Oma! Liebe Familie!
Herzliche Grüße vom Zivilverteidigungslager in Bad Klosterlausnitz sendet Euch Eure Beate.
Ich kann Euch sagen, nichts ist schlimmer als nur „Damen" im Militär. Es ist so langweilig, aber streng hier, so daß ich jeden, den ich kenne einfach schreibe, in der Hoffnung, meine Einsamkeit etwas zu lindern. Ich hoffe, ich bekomme auch mal von Euch Post, denn 5 Wochen ist eine lange Zeit. Wir sind noch bis 22.3. hier. Was macht denn L.? Klappt in der Schule alles

schön. Schreibt nur mal von jeden etwas, denn wir haben uns ja schon lange nicht gesehen.“

Wenn es langweilig oder wie in diesem Lager sehr eintönig wird, beflügelt das die Schreiblust. Da wird mitunter an Leute geschrieben, mit denen vielleicht lange kein Kontakt mehr bestand. Manchmal bittet auch ein Kind seine Eltern, Adressen von diesen oder jenen mitzuteilen.

Bad Klosterlausnitz ist eine Gemeinde in Thüringen. Der Betrieb im Geiseltal, in Sachsen-Anhalt, damals noch Bezirk Halle, suchte für die zahlreichen Kinder der Werktätigen Erholungsgebiete aus, die sich in sauberer Luft befanden. Im Geiseltal, einem großen Braunkohleabbaugebiet, mangelte es an Natur und gesunder Umgebung.

Bei diesem Beispiel ist ersichtlich, dass die Einrichtung einerseits als Betriebskinderferienlager diente, andererseits auch als Pionierlager bzw. als Lager für die Zivilverteidigung genutzt wurde. Sehr erbaulich sind diese Zeilen nicht, denn abgesehen vom fraglichen Nutzen des Zivilverteidigungslagers, man kann auch sagen der vormilitärischen Ausbildung, hat es zumindest dieser Schülerin nicht gefallen.

***

Am 13. Juli 1973 schrieb aus Zwickau eine Schülerin an ihre Eltern in Karl-Marx-Stadt lediglich zwei Sätze:

„Liebe Eltern!
Schickt mir doch ein paar Briefmarken und Geld, denn ich habe nur noch 1,49 M. Hier ist es schön (das Wetter) Es grüßt Sabine“

Pionierlager „Karl Liebknecht“ in Zwickau/Sachsen

Dieses Mädchen kommt sofort zur Sache. Das Geld ist knapp geworden, die Briefmarken auch, denn sie möchte noch an andere Freunde und Verwandte schreiben.

***

Ebenfalls aus einem Pionierlager in Weißwasser in der Oberlausitz wurde am 26. Juli 1973 eine Karte an die Schulfreundin geschrieben.

„Die herzlichsten Grüße von hier sendet Dir Deine Freundin Silke. Wir sind auf dem gleichen Platz wie voriges Jahr. Wir haben neben unserem Haus 1 russische Pioniere und westdeutsche sind auch da – meine und deine ist nicht dabei schade. Ich habe zwei russische Freundinnen, wir können uns schlecht verständigen. Brief folgt noch.“

Internationale Gäste weilten oft in den Ferienlagern. Allerdings meinte Silke, die Verständigung wäre schlecht. Und das bei russischen Kindern. In der DDR wurde ab der 5. Klasse mehrmals in der Woche das Fach Russisch unterrichtet. Man möchte meinen, dass die Sprache nach so vielen Jahren locker von der Zunge geht, aber dem war nicht so. Meiner Meinung nach wurde die alltägliche mündliche Kommunikation vernachlässigt. Außerdem hatten die Kinder wenig Gelegenheiten, ihre Sprachkenntnisse anzuwenden. Und wenn sich dann doch die Möglichkeit bot, kamen die sprachlichen Lücken zum Vorschein. Ein Schuljahr in einem anderen Land zu verbringen, gab es damals, soweit mir bekannt, überhaupt nicht. Das war sehr schade.
Im Russischunterricht lag der Schwerpunkt vor allen auf den politischen und gesellschaftlichen Themen. Über die Errungenschaften des Kommunismus mussten die Kinder Texte lesen, aber beim alltäglichen Sprachgebrauch waren sie „sprachlos“.

In einem „Handbuch für das Betriebsferienlager“ liest man unter anderem zu diesem Thema:

> „Die ausländische Gruppe ist der natürliche Mittelpunkt im Lagergeschehen der ersten Tage. Das geht vom Abzeichentauschen bis zu den ersten Versuchen, sich sprachlich zu verständigen.......Sitzen die Gruppen dann an einem See oder am Waldesrand beisammen, werden sich die Mädchen und Jungen viel zu erzählen haben, so viel, daß das Gespräch im Lager fortgesetzt wird.“[27]

Das ist die Idealvorstellung, aber die Realität sah anders aus. Irgendwie fanden die Kinder dann schon zueinander. Nachteilig war auch, dass während der DDR-Zeit Englisch oder Französisch als fakultatives Fach erst ab der 7. Klasse gelehrt wurde. Das ist meiner Meinung nach viel zu spät, um eine Fremdsprache zu erlernen. Aber wir wurden ja darauf eingeschworen, sowieso nicht nach Frankreich oder England fahren zu dürfen. Die fehlenden Sprachkenntnisse in späteren Jahren einfach nachzuholen, gelang in den seltensten Fällen und dadurch war die berufliche Entwicklung entsprechend eingeschränkt. So habe ich es zumindest empfunden.

***

27 Autorenkollektiv unter Leitung von Walter Hoyer (Hg. 1968): Handbuch für das Betriebsferienlager, S. 71

Zum Abschluss des Jahres 1973 wird im August noch einmal der Aufenthalt in einem Pionierlager beschrieben.

„Hallo Mutschka + Omilein!
Ein paar liebe Grüße von hier oben (siehe Karte) sendet Euch Eure Silke.
Wir übernachten in den Bungalows, die Ihr auf der Karte seht. Frühmorgens geht es gleich „gut" los. Frühsport nämlich, der sich zusammensetzt aus einem Dauerlauf, einem kühlen Bad und anschließend wieder Dauerlauf. Danach das Frühstück, bei dem man entsprechend der Belastung ißt, 5 Brötchen mindestens. Mündlich erfahrt Ihr mehr. Ab Montag sind wir in Leipzig. Seid lieb von mir gegrüßt. Eure Silke"

Prieros Kreis Königswusterhausen am Hölzernen See

***

1974

Am Wolziger See im Ort Wolzig bei Königswusterhausen befand sich das Ferienlager in einer schönen Gegend. Jemand meinte, der Ort wäre klein und abgelegen. Der Autorin und bestimmt auch vielen anderen Kindern gefielen die herrlichen Bademöglichkeiten, vom Ort haben wir nur wenig wahrgenommen.
Die Kinder verbrachten in Wolzig unbeschwerte und erlebnisreiche Ferientage. Für das Personal, besonders in der Küche, gestaltete sich der Tag eher anstrengend. Eine junge Frau schrieb aus dem Ferienlager an ihre Angehörigen.

Leider ist der Poststempel schlecht lesbar, aber der Briefmarke nach zu urteilen, könnte die Karte um 1975 geschrieben worden sein. Eine große Auswahl an Kartenmotiven gab es wahrscheinlich nicht, denn die Autorin schrieb ebenfalls eine Karte an ihre Verwandten mit dem selben Motiv.

Hier der Text der Küchenhelferin:

„Viele Grüße aus Wolzig sendet Euch lieber Onkel Hans und Oma, Marion. Das Wetter ist zur Zeit schlecht. Es regnet am laufendem Band. Ich arbeite hier als Wirtschaftshilfe in einem Kinderferienlager. Also Tschüß"

***

Die Autorin hat am 1. August 1974 einen langen Brief an die Eltern geschrieben. Einen Auszug daraus:

„...Bei uns im Lager sind Polen und Italiener. Die Italiener sind am Mittwoch abgereist. Ich habe auch 3 Adressen und Briefmarken von den Italienern bekommen. Eine heißt auch Claudia....Am Mittwoch waren wir in Berlin. Es war ganz schön. Das Essen hier schmeckt sehr gut. Jeden Nachmittag gibt es eine Viertelliterflasche Milch und zwei Streuselschnecken. Wir waren schon 4 mal baden. Das Wasser ist warm. Der See liegt zwar gleich vor unserem Lager, aber dort ist Schilf, da können wir nicht rein. Wir müssen ein kleines Stück die Straße lang laufen. Schade, eine Woche sind wir schon hier. Einen Fernseher haben wir auch hier. Da dürfen wir „Flimmi und Tele-Lotto" und „der Dicke" gucken. Ich habe schon viel fotographiert. Ein paar aus meiner Gruppe und ich sind mit dem Schiff gefahren. Mir war es hundeelend. Der Motor hat gestunken wie die Pest...."

Über ein ähnliches Thema berichtete ein Mädchen im Juli 1974 aus Wilhelmsthal bei Eisenach.

„Liebe Eltern!
Ich habe euren lieben Brief erhalten. Vielen Dank für die 5 Mark. Ich habe schon eine deutsche Freundin. Sie heißt Claudia Eine russische Freundin habe ich noch nicht, weil noch keine sowjetischen Pioniere im Pionierlager angekommen sind. Viele Grüße an Oma, Opa, Mutti, Vati, Lisy und Anni"

Interessant ist der Briefstempel: WARTBURG – 70 Jahre AUTOMOBILBAU Eisenach. Also seit 1904.

***

Die Brigade meines Vaters organisierte nicht nur einmal eine Exkursion nach Wolzig. Ein Ausschnitt aus dem Jahr 1985 aus dem Brigadetagebuch:

1. Tag - 19.4.85

EXKURSION WOLZIG

Gegen 6.oo Uhr trafen wir uns vor dem Betriebsgelände Franz-Liszt-Straße.
Gegen 6.3o Uhr fuhr unser Bus in Richtung Berlin ab. Unterwegs, in einer Autobahnraststätte, wurde eine kleine Frühstückspause eingelegt.
Dann fuhren wir nach Berlin zum "Märkischen Museum", wo uns eine schöne und interessante Führung erwartete. Anschließend hatten wir noch etwas Zeit für einen kleinen Stadtbummel.
Gegen 13.oo Uhr war das Mittagessen in der "Spreeperle" bestellt. Nach dem Essen war genügend Zeit zu einem kleinen Spaziergang.
Gegen 14.3o Uhr ging es in unser Quartier nach Wolzig am See.
Dieses Ferienheim von den Sparkassen Berlin ist ein kleines Idyll in einer herrlichen Umgebung.
Es liegt an einem schönen See, in waldreicher Umgebung, mit Wassertretern, einer Kegelbahn und einem Bierkeller usw.
Es erwartete uns schon eine gedeckte Kaffeetafel.
Anschließend bezogen wir unsere Zimmer.

Dann war es Zeit, sich die Umgebung anzusehen.
Gegen 18.oo Uhr erwartete uns ein kaltes Buffet mit dem Charakter eines Schlachtfestes. Das war eine große Überraschung.
Anschließend fand ein geselliges Beisammensein mit Tanz und Spiel statt.
Dieser 1. Tag, voll mit vielen neuen Eindrücken, fand sein Ende und noch viel Neues erwartete uns für die kommenden zwei Tage.

Das Wetter meinte es auch sehr gut mit uns, es wurde fast zu "heiß" auf der Rückfahrt. Zwischen Schlaf- und Speisewagen konnte auf der Fahrt kaum unterschieden werden, - "jeder nach seinen Bedürfnissen".
Wir kehrten jedenfalls sehr zufrieden von unserer gelungenen Exkursion zurück und freuen uns schon "auf ein Neues" vielleicht auch wiedereinmal in Wolzig.

Ferienheim der Sparkassen Berlin

1975

Die Autorin nahm im Juli 1975 an einer Reise des Austauschprogramms zwischen dem Betrieb ihres Vaters, dem Landbaukombinat Dresden, und dem Partnerbetrieb in Polen teil. Die freundschaftliche Verbindung zu Polen bestand schon länger. Auf Einladung kamen die polnischen Kollegen im Vorjahr nach Dresden. Im Juni 1975 fand dann eine Exkursion der Dresdner Brigade nach Braniewo, früher Braunsberg in Ostpreußen, statt. Fast exakt die gleichen Unternehmungen wurden den Kindern und Jugendlichen aus der DDR ein paar Wochen später in Polen geboten.
Der Bericht der Brigade-Exkursion schildert ausführlich die Stätten der Besichtigung, so dass auf den nächsten zwei Seiten aus dem Brigadetagebuch zitiert wird:

Juli 1975: Braniewo/Polen

VOLKSREPUBLIK POLEN

KDT EXKURSION

NACH BRANIEWO

Unsere Fahrt nach Braniewo begann am 12. 6. 1975. Gegen 21,00 Uhr fuhren wir mit dem Zug nach Wroslaw. Dort stiegen wir um und erreichten am Freitag früh gegen 5.00 Uhr Poznan. Hier war schon ein reges Leben. Nach einem kleinen Imbiß in der Selbstbedienungsgaststätte des Bahnhofes warteten wir auf unsere polnischen Freunde, die unsere weitere Exkursion mit dem Bus organisiert hatten.

Durch die Stadtbesichtigung teils mit Bus und teils zu Fuß bekamen wir einen guten Eindruck. Dabei war der Besuch der Messe ein Höhepunkt unseres ersten Exkursionstages.

Über Gniezno und Bydgozsz führte unsere weitere Fahrt nach Graudenz. Wir erlebten dort den Sonnenuntergang und das herrliche Panorama der Stadt an der Weichsel. Dann ging es weiter über Elblag nach Braniewo. Wir trafen dort gegen 22,30 Uhr ein. Damit hatten wir an diesem Tage rd. 800 km zurückgelegt. Einen sehr großen Anteil unserer zügigen Fahrt hatte dabei unser polnischer Busfahrer, dem wir herzlich Beifall spendeten.

Am Sonnabend dem 14. Juni war zeitiges Wecken. Es ging mit dem Bus nach Danzig. Eine Besichtigung der wieder im alten Stil erbauten Innenstadt und eine Schiffsfahrt zur Westerplatte gab uns ein anschauliches Bild von der Schaffenskraft unserer polnischen Freunde. Am Denkmal der Westerplatte gedachten wir der Opfer des 2. Weltkrieges mit einer Schweigeminute und einem Blumenstrauß. Danach fuhren wir wieder nach Danzig und besichtigten die Marienkirche. Vom Turm des Rathauses hatten wir nochmals einen umfassenden Blick auf die Stadt.

Brigadetagebuch Nr. 7 von 1975 – VEB LBK Dresden Landbaukombinat Sitz Kamenz, Brigade Dresden – Bild: Danzig Rathaus

Ein kleiner Bummel in den Geschäftsstraßen beschloß den guten Eindruck. Es ging zurück nach Braniewo wo gegen 20.00 der offizielle Empfang angesetzt war. Unsere Erwartungen wurden durch die herzliche Aufnahme weitaus übertroffen. Nach dem dienstlichen Teil überreichten wir persönliche Geschenke an unsere Gastgeber. Dabei wurde besonders unser Busfahrer bedacht. Bei den folgenden Gesprächen, Trinksprüchen und dem reichlichen Essen verging die Zeit wie im Fluge.

Am Sonntag fuhren wir mit den Bus nach Frombork. Mit dem Schiff ging es dann 1 Stunde über das Haff nach Ksynica Morska. Eine Wanderung über die Nehrung führte uns an den Ostseestrand. Unsere weitere Fahrt führte uns dann in das ehemalige KZ Stutthof. In einem kurzen Film, der uns tiefst beeindruckte wurden wir auf die grausamen Ereignisse während des 2. Weltkrieges hingewiesen. Unsere Dolmetscherin und Fahrtbegleiterin war selbst in diesem Lager inhaftiert. Mit einer Schweigeminute und einem Blumengebinde ehrten wir die ca. 85.000 Toten.

Die Weiterfahrt führte uns nach Malbork, dem ehemaligen Sitz der Ordensritter. In einem verkürzten Rundgang konnten wir uns von der Größe und Schönheit der mittelalterlichen Festung überzeugen.

Die Fahrt nach Frombork nach dem Abendbrot mit Besichtigung der Kathedrale und einem Orgelkonzert war ein weiterer Höhepunkt dieses Tages.

Montag der 16. Juni. Der Abschied von einem Teil unserer Freunde naht. Alle Teilnehmer der Exkursion bedauern es, daß die schönen, erlebnisreichen Tage sich dem Ende neigen. Wir trennen uns ungern von unseren polnischen Freunden und hoffen, daß es bald ein Wiedersehen bei uns gibt.

Unsere Rückfahrt führte nochmals nach Danzig. Die Stadtrundfahrt ging durch Neubaugebiete in den nördlichen Stadtteil Oliwa. Nach Besichtigung der Parkanlagen und des Gewäschshauses führte unser Weg in den Dom zu einem Orgelkonzert. Danach ging es weiter nach Sopot und Gdynia. Dort wurden wir von unseren Wegbegleitern zum Bahnsteig gebracht.und der Abschied nahte.

Die Exkursion wird allen Teilnehmern recht gut in Erinnerung bleiben. Dafür nochmals recht herzlichen Dank an unsere Gastgeber.

Ein Brief der Autorin vom 25. Juli 1975 an die Verwandten schildert die Erlebnisse in Polen:

„.....Ich bin gestern abend um 20 Uhr zu Hause eingetroffen. In Polen war es einmalig. Ich würde gern nächstes Jahr noch einmal fahren. Das Wetter war fast immer schön. Wir waren 2x im Stadtbad dort, 2x im Haff baden und einmal sind wir an die richtige Ostsee gefahren. Da sind wir mit dem Schiff über das Haff gefahren. Was uns alles hier geboten wurde: Wir waren in Malbork, da haben wir die Burg besichtigt. Dann waren wir in Gdansk, sind mit dem Schiff auf die Westerplatte gefahren, haben ein Meeresmuseum besichtigt, dann wurde uns die größte Orgel Europas vorgeführt und dann war noch eine Altstadtbesichtigung. Außerdem waren wir in Frombork und in Olsztyn. In Olsztyn besuchten wir ein Planetarium und ein altes ostpreußisches Dorf, daß die wieder hergestellt hatten. Es war sehr interessant dort, denn die Häuser waren noch eingerichtet wie früher. Das Essen schmeckte hier nicht sehr gut. Es gab hier nie Ei und ganz selten Fleisch und Wurst.....“

Etwa zur gleichen Zeit verbrachten die Geschwister der Autorin zwei Wochen im Ferienlager in Berlin-Köpenick.
Im Brief vom 15. Juli 1975 an die Oma wurde berichtet, was sich so alles im Lager ereignete.

„Liebe Oma!
Vielen Dank für Euren Brief und die 5 Mark, die konnte ich gerade gebrauchen. 2 Mark davon habe ich Matthias gegeben. Wir waren 2x baden. Heute gehen wir wieder. Am 10.7. haben wir eine Dampferfahrt gehabt. Es war sehr schön. Ich war 4 Tage krank, da habe ich einiges verpasst: Tanzabend, Tierparkbesuch usw. Gestern abend haben wir einen Film gesehen,

das war wiedermal von der russischen Armee einer, es war großer Mist. Am 19.7. fahren wir nach Hause, da könnt ihr nicht mehr ins Ferienlager schreiben, denn der Brief würde nicht mehr ankommen. Einen Freund habe ich auch schon. Viele Grüße auch an Opa von Ch.
Verzeiht bitte die Schrift!"

Frombork (Frauenburg) – befindet sich am Frischen Haff und hier wirkte ab 1495 bis zu seinem Tod 1553 der Astronom und Arzt Nikolaus Kopernikus

Als Absender steht:
Kolonie letnie PBR 14-500 Braniewo u. Bohaterów Stalingradu 13. (Straße der Helden von Stalingrad)

***

Ebenfalls im Juli 1975 schickte ein Mädchen aus dem Betriebsferienlager eine Karte an ihre Freundin. Das Ferienlager befand sich in der Rölligmühle, einer historischen Gaststätte, in der Nähe des Ortes Kleingießhübel. Die Mühle und spätere Gaststätte wurde von einer Familie Röllig bewirtschaftet. Auf alten Ansichten ist vermerkt, dass es die Mühle im Krippengrund[28] schon ab dem Jahr 1594 an dieser Stelle gab. Der Kartentext:

„Liebe Ilona
Ich bin gut angekommen. Wir wurden mit Wolgas hingebracht. Das Ferienlager ist in einer Gaststätte untergebracht. Ich wurde als stellvertretende Gruppenratsvorsitzende gewählt. Das wär jetzt alles. Schreibe bald! Tschüß Kerstin"

Tatsächlich liegt die Mühle etwas abgelegen und Busse fahren da selten vorbei, weswegen die Kinder mit Autos und sogar „Wolgas" hingefahren worden sind. Da klingt ein bisschen Stolz heraus.

Wichtig erschien ihr, der Freundin mitzuteilen, dass sie als stellvertretende Gruppenratsvorsitzende gewählt worden war.

„Wie wird der Gruppenrat gewählt?...Der Gruppenleiter spricht über die Bedeutung der Gruppenratswahl. Dabei kann er Vergleiche aus dem politischen Leben der Erwachsenen heranziehen. Die Mädchen und Jungen werden ihre Vorschläge für die Wahl begründen. Nicht das Abstimmen über die Kandidaten ist das Wichtigste, sondern die vorangehenden Gespräche über die Einstellung und das Verhalten der Vorgeschlagenen."[29]

---

28 Krippengrund in der Sächsischen Schweiz
29 Autorenkollektiv unter Leitung von Walter Hoyer (Hg. 1968): Handbuch für das Betriebsferienlager, S. 91

Wie es heute um diese Mühle beschaffen ist, kann ich nicht sagen. Soweit bekannt, gibt es eine Bushaltestelle „Rölligmühle“.

***

1976

Im Juli 1976 schrieb ein Junge aus dem Ferienlager in Grund bei Mohorn diese Karte an seine Eltern in Sachsen. Auf der nächsten Seite sieht man das Ferienlager, ein Fachwerkhaus, auf einer Ansichtskarte abgebildet.

„Liebe Eltern
Hier ist es sehr schön. Nur die Bettruhe wurde von 20.45 Uhr auf 20.30 Uhr gekürtzt. Essen gut. Habe auch schon eine Freundin, sie heißt Sylvia. Dein Andreas“

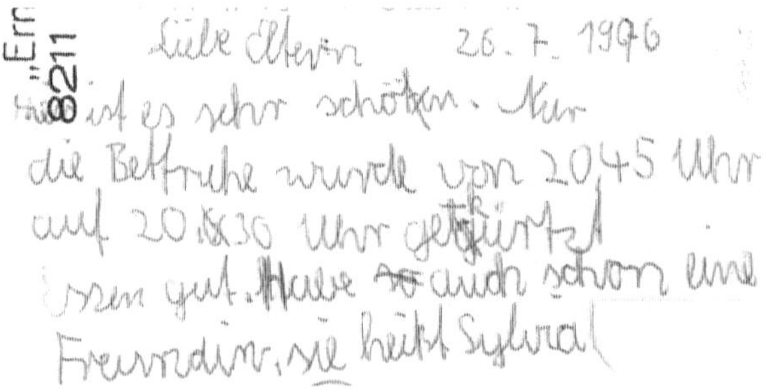

Liebe Eltern 26. 7. 1976
ist es sehr schön. Nur
die Bettruhe wurde von 20.45 Uhr
auf 20.30 Uhr gekürtzt
ssen gut. Habe auch schon eine
Freundin, sie heißt Sylvia

In Mohorn, Ortsteil Grund, gibt es das Waldbad noch heute. Es befindet sich in idyllischer Lage direkt am Tharandter Wald in der Nähe von Dresden. Dieses Bad wurde im Jahr 1930 angelegt. Zum Teil werden die Baracken als Umkleidekabinen noch heute genutzt.

Auf jener Ansichtskarte verschrieb sich der Junge mindestens 7x. Angefangen von der Anschrift bis hin zum Datum und mehrmals beim Wort „gekürzt“.

***

Interessant ist folgende Karte von einer Gruppenleiterin an ihre Freundin, die ebenfalls in einem Betriebsferienlager, in Altenberg/Osterzgebirge, als Helferin arbeitete.

Hierbei wird von einem Schwimmlager berichtet. Wie schon erwähnt, befindet sich in Mohorn Grund ein Waldbad und dort fanden auch die Wettkämpfe statt.

Auf der Karte ist rechts unten das Kinderferienlager des VEB Schamotte-Kombinat Brandis abgebildet und darüber das Betriebsferienheim. Der Ort Brandis liegt südöstlich von Leipzig.

Seit 1962 nutzte man die ehemalige Mühle als Ferienlager, nachdem sie umgebaut wurde. Die „Blaue Mühle“, auf Grund der Farbgestaltung so genannt, befindet sich heute in Privatbesitz. Sie ist die älteste Mühle in Grund, welche bereits im Jahr 1560 gebaut wurde. Oft wechselten die Besitzer. Ab dem Jahr 2000 fand eine umfassende Sanierung statt, wobei der Mühlgraben wieder freigelegt und ein Mühlrad eingebaut wurde. Bis zum Jahr 2009 befand sich hier ein beliebtes Fischrestaurant und bis 2018 betrieb man eine Pension. Nun gehören alle diese Nutzungskonzepte der Vergangenheit an.

Der Text vom 28. Juli 1977:

„Liebe Heide!
Viele liebe Grüße aus dem Schwimmlager Mohorn sendet Dir Deine Britta
Über Deine Post habe ich mich sehr gefreut. Sag mal, ist bei Euch auch so schlechtes Wetter? Wir konnten schon 2 Tage nicht schwimmen gehen. Sonst gehts mir gut. Ich habe eine Jungengruppe (18) zu betreuen, es sind paar ganz schöne Lauser dabei. Für die nächsten Tage wünsche ich Dir viel Spaß und vor allem ein bißchen Sonne.
Nochmals viele Grüße“

***

Gruppenleiter waren teilweise Studenten, meistens von der Pädagogischen Hochschule, die ihr Praktikum in einem Ferienlager absolvieren mussten – natürlich ohne Bezahlung, wie das eine Studentin einem Freund mitteilte.

Wer diese Tätigkeit eher unfreiwillig machte, hatte weniger Spaß mit den Kindern und sah die Sache pessimistisch, welches auf der Karte vom 11. Juli 1983 zu lesen ist.

„Liebe Mutti, lieber Papa!
Heute schreiben alle Kinder nach Hause! Wir sind gut angekommen. Es geht alles sehr locker zu, weil desorganisiert. Die Kinder gehen mir bestimmt bald auf die Nerven. Ich habe acht elfjährige Jungen zu betreuen. Vom politischen Klima her, kann ich mich nicht beklagen. Viele liebe Grüße Euer großes Kind"

***

Aus dem Vogtland schrieb in den 1970er Jahren eine junge Helferin an ihren Freund:

„Lieber Dieter!
Habe Deinen Brief dankend erhalten. Entschuldige bitte, daß ich keinen Brief schreibe, aber ich habe wenig Zeit und abends nach der Helferschulung bin ich immer so müde. Wenn ich Zeit habe, schreibe ich Dir einen Brief. Mit meiner Gruppe bin ich zufrieden. 13-15 jährige Mädchen. Schreibe mir bitte bald wieder. Ich hatte als 2. Post von den Helfern.
Gruß und Kuss Silvia"

Das Thema „Post" ist hier wieder einmal präsent. Es wurde sogar registriert, wer zuerst Post von den Angehörigen und Freunden erhalten hatte. Das war ja auch die einzige Verbindung in die Heimat. Ein Telefonapparat wird sicher im Hauptgebäude des Ferienlagers vorhanden gewesen sein, aber dieser diente lediglich der Lagerleitung für Organisatorisches.

Und als Abschluss dieses Kapitels beschreibt eine junge Helferin ihre Erfahrungen als Gruppenleiterin. Sie befindet sich im Sommer 1974 in Bad Saarow in der Nähe von Berlin.

„Liebe Beate!
Bin jetzt im Ferienlager und beaufsichtige Kinder aus der BRD. Feine Sache, kann ich Dir sagen. Bolzen hauen da manche raus, daß man das große Staunen bekommt. Das Wetter ist mies. Die beste und günstigste Freizeitbeschäftigung, das Baden, fällt so ja auch weg. Ein Glück schlafen wir in Bungalows. Heute haben wir schon eine Dampferfahrt auf dem Scharmützelsee hinter uns gebracht. Und wie läuft der Laden bei Dir? Alles in Ordnung?

Man merkt es der Gruppenleiterin an, dass sie anscheinend froh war, wenn wieder eine Unternehmung gelungen ist. Es gehörte schon Einfallsreichtum und Ausdauer dazu, eine mehr oder weniger große Kindergruppe zu beschäftigen, noch dazu, wenn das Wetter nicht mitspielt.
Ihre Freundin übte wahrscheinlich die gleiche Tätigkeit aus.

Zum Thema Gruppenleiter/Helfer einige zutreffende Bemerkungen aus dem Handbuch für das Betriebsferienlager:

> „Es wird vom Lagerleiter, von Gruppenleitern und Helfern nicht gleich verlangt, daß sie pädagogische Neuerer sind, aber sie müssen sich bewußt sein, das sie im Betriebsferienlager in ein pädagogisches Kollektiv kommen, und sie sollten sich deshalb alle Mühe geben, pädagogische Fähigkeiten zu erwerben."[30]

So manch einer versprach sich von der Tätigkeit im Ferienlager einen zusätzlichen Urlaub, doch da befand sich der- oder diejenige im Irrtum. Es kostete viel Arbeit, Zeit und Nerven die Kinder zu bespaßen.

---

30 Autorenkollektiv unter Leitung von Walter Hoyer (Hg. 1968): Handbuch für das Betriebsferienlager, S. 49

1978

Gleich zweimal innerhalb einer Woche schrieb ein Junge im August 1978 an seine Großeltern ins Brandenburgische. Das hatte auch seinen Grund, denn auf der zweiten Karte bedankte er sich für 5 Mark.

„Liebe Oma und lieber Opa!
Ich bin gut in Augustusburg angekommen. Ich bin mit 10 Kindern im Zimmer. Viele Grüße von mir."

Liebe Oma und lieber Opa!
Vielen Dank für deinen Brief und die 5 Mark. Ich habe mich sehr gefreut. Der Brunnen im Brunnenhaus ist 129 m tief. Viele Grüße von D."

Schloss Augustusburg/Sachsen – Brunnenhaus

***

Die 1980er Jahre

1980

Aus dem Zentralen Pionierlager „Heinrich Rau“ in Groß Köris (Kreis Königswusterhausen) schickte eine Schülerin am 10. Juli 1980 Feriengrüße an ihre Großeltern:

„Liebe Oma, lieber Opa!
Viele liebe Urlaubsgrüße sendet Euch Marion.
Außer dem Wetter u. der Landschaft ist hier alles großer Mist. Unmögliche sanitäre Einrichtungen. Das Wasser stinkt wie faule Eier! Tschüß Marion“

Das ist schon „harter Tobak“. Aus demselben Ferienlager schickte Ende der 1950er Jahre ebenfalls ein Junge eine Karte an seine Familie. Da schien die Welt noch in Ordnung gewesen zu sein. Inzwischen sind über 20 Jahre vergangen, und man könnte meinen, die Qualität des Lagers habe sich verbessert. Die oben beschriebenen Zustände sagen aber etwas anderes aus. Vielleicht hat das Ferienkind auch übertrieben. Das weiß man nicht.

***

1981

Der Monat Juni 1981 bereitete den Ostseeurlaubern keine große Freude hinsichtlich des Wetters. Vor allem, jene, die im Zelt logierten, kämpften mit Nässe und Kälte.

Eine Teilnehmerin eines Ferienlagers berichtete aus dieser Zeit. Der Text steht auf der nächsten Seite.
Fast zeitgleich und am selben Ort verbrachte die Autorin ihren Zelturlaub in Glowe auf Rügen. Dazu der Bericht:
→ Am 10. Juni kamen wir bei schönstem Wetter gegen 13 Uhr an und genossen den Ostseestrand. Aber dann war Schluss. Ab dem nächsten Tag regnete es fast durchgängig, wurde empfindlich kalt, wahrscheinlich die sogenannte Schafskälte. Schließlich packten wir am 11. Tag, dem 21. Juni, 3 Tage eher als geplant, unsere Sachen und fuhren mit dem Motorrad ebenfalls bei strömendem Regen ca. 8 Stunden wieder zurück in die Heimat nach Dresden. Völlig durchnässt kamen wir gegen 23 Uhr zu Hause an.
Bis zum Urlaubsende hatten wir die Hoffnung auf besseres Wetter nicht aufgegeben, aber es sollte nicht sein. Auch in Dresden herrschten zum Sommeranfang Temperaturen um die 10 Grad Celsius. Darauf hin heizten wir erst einmal kräftig den Kachelofen, um uns aufzuwärmen.

Wir verbrachten die Tage auf Rügen so gut es ging, unter anderem besuchten wir auch den berühmten Königsstuhl, die Kreideküste bei Stubbenkammer. Die Eintrittskarte liegt mir noch vor. Man staunt, wie wenig der Eintritt damals kostete, nämlich 0,20 Mark. Heute verlangt man für einen Erwachsenen 10 Euro Eintrittsgeld, das entspricht einer Steigerung um das fünfzigfache. Und wenn man bedenkt, dass 10 Euro etwa 20 DM entsprechen, wäre es sogar eine hundertfache Verteuerung. Die Umrechnung in DDR-Mark erspare ich mir hier. Unvorstellbar! Vierzig Jahre sind seitdem vergangen und die Zeiten haben sich grundlegend geändert, jedoch nicht immer im positiven Sinne. Der Königsstuhl hatte damals eine Höhe von 119 Metern. Heute beträgt die Höhe nur noch 118 Meter, also hat der Wind einen Meter Kreide, Sand und Erde abgetragen.

Inzwischen veränderten Stürme und das tobende Wasser die ursprüngliche Küstenlandschaft. Schutzmaßnahmen wurden erforderlich.

Links:

Königsstuhl

Hohes Ufer

Die Teilnehmerin des Ferienlagers schreibt ähnliches das Wetter betreffend, allerdings kam sie erst am 19. Juni an und vielleicht besserte sich das Wetter nach dem 21. doch noch.

Der Text:

„Liebe Frau Linde! Viele Grüße aus Glowe sendet Ihnen Ihre Karin. Am Freitag früh sind wir hier angekommen – bei strahlendem Sonnenschein. Das entschädigt uns für die anstrengende 10stündige Fahrt. Allerdings ist das Wetter seit gestern wieder schlechter. Das Wasser ist auch noch zu kalt zum Baden. Wir spielen den ganzen Tag Volleyball oder spielen Gitarre und singen oder wir gehen am Strand entlang. Nachts schlafen wir

in Dreimannzelten[31]. In einige hat es schon reingeregnet, aber wir sind bis jetzt vom Regen verschont geblieben. Es ist aber ganz schön eng, besonders wenn alle 3 Bewohner so unordentlich sind wie wir. Am 2.7. kommen wir nach Hause, allerdings wahrscheinlich erst 18.30 Uhr. Also nochmals viele Grüße von Ihrer Karin"

***

31 Anm.: Obwohl hier vermutlich drei weibliche Personen gemeint sind, schreibt sie „Dreimannzelt(en)". Darüber hat sich im Jahr 1981 niemand aufgeregt. Es war eindeutig und klar, wer gemeint ist. Heute in der „Gendersprache" gäbe es bei der Benutzung dieses Wortes garantiert langwierige Auseinandersetzungen, weil sich einige Personen benachteiligt fühlen oder noch schlimmer – ausgegrenzt fühlen würden.

Ebenfalls 1981:
Die Meixmühle im Friedrichsgrund nahe Dresden-Pillnitz war und ist ein beliebtes Ausflugsziel. Dort befand sich auf dem Gelände nicht nur ein Ferienlager, das Betriebsferienlager des RAW[32] „Franz Stenzer" in Berlin, sondern auch eine Gaststätte. Das Gasthaus erfreut sich auch heute noch großer Beliebtheit. An schönen Sommertagen sitzen die Gäste gern unter Sonnenschirmen auf der Terrasse. In den Nebengebäuden befanden sich die Räume des Ferienlagers. Heute werden diese Räume als Ferienwohnungen genutzt, nachdem alles saniert wurde.

Historische Gaststätte Meixmühle nahe Dresden-Pillnitz

Im August 1981 schrieb ein Junge an seine Eltern folgenden Text:

---

32 Anm.: RAW – Reichsbahnausbesserungswerk

„Liebe Eltern!
Wir sind gut angekommen. Freunde habe ich auch gefunden. Was macht Bibi? Was macht Porzel? Schikt mir bitte die Gummistiefel. Es ist sehr schön!
Ich bin in der Gr. 4 Euer A.“

Die Gebäude links und in der Mitte wurden als Ferienlager genutzt
Aufnahme 2012

***

Hier schreibt ein Mädchen als Anrede „Halle“, soll wahrscheinlich „Hallo“ heißen. Sie verlebte im Sommer 1981 in Neudorf (Kreis Quedlinburg) ihre Ferien. Das Kinderferienlager „Fritz Weineck“ des VEB Karosseriewerk Halle befindet sich im Harz.

„Hall[o]!
Viele Grüße aus Neudorf. Recht herzlichen dank für eure Post. Heute haben wir Sachen fürs Nepptunfest gebastelt! Nachmittags gehen wir zum Kino und kucken irgendeinen Film. Es ist kein Platz mehr zum schreiben, also mach ich Schluß. Tschüß Carola“

Kleine Fehlerteufel haben sich eingeschlichen, die so manchen Leser aber zum Schmunzeln bringen. Das Neptunfest wird ja oft an der See gefeiert, doch auch im Binnenland freuen sich die Kinder auf solche Höhepunkte während der Ferienlagerzeit. Ihr letzter Satz ist eher ein Lückenfüller, weil sie vielleicht nicht wusste, was sie noch schreiben sollte. Manche Kinder empfanden das Schreiben eben nur als lästige Pflichterfüllung.

***

Mit „*Hallo Familie*“ begrüßt ein vermutlich 12jähriger Schüler seine Eltern mit Anhang. Er befindet sich im Pionierlager „Rosa Luxemburg“ in Seifhennersdorf in der Oberlausitz. Im August 1981 beschreibt er seine Unpässlichkeiten, die er im Ferienlager erleiden musste.

„Hallo Familie!
Bin gut angekommen, wir sind 8 Jungs im Zimmer. Die Betten sind scheußlich. Sie hängen so sehr durch, das mir der Rücken

weh tut. Wir waren im Bad das Wasser ist Eiskalt. Das Essen geht. Und geregnet hat es auch noch nicht. Tschüß Rainer"

Der Junge beschwerte sich über die schlechte Qualität der Betten, doch immerhin besaß man im Jahr 1981 Matratzen, wenn auch nicht die neuesten Modelle. Auch die Sprungfedern in den Lattenrosten leierten mit der Zeit aus, so dass der gerade beschriebene Effekt eintrat.
Aber noch in den späten 1960er Jahren bot nicht jedes Ferienlager Komfort, denn ein Ferienkind schrieb im Sommer 1967 aus Einsiedel[33] in der Nähe von Karl-Marx-Stadt:

„Ich schlafe im Zelt auf Strohsäcken."

***

33 Anm.: In Einsiedel bei Karl-Marx-Stadt befand sich ein großes Ferienlager – eine Zeltstadt.

Und als Abschluss des Jahres 1981 grüßte ein Jugendlicher seine Großeltern in Jena.

„Herzliche Grüße aus dem Ferienlager Wetteratal sendet Euch Ralf
Die Tage verlaufen hier fast chaotisch. Die Wärme ist kaum zu verkraften und kaum Bademöglichkeiten. Chaotisch ist hier das Trendwort des Lagers"

Das sind klare Worte, so dass sich jeglicher Kommentar erübrigt.

***

1982

Auf dieser Karte fehlt das Jahr, schätzungsweise könnte es Anfang der 1980er Jahre geschrieben worden sein. Ein Mädchen schickte aus dem Kinderferienlager des VEB Fischkombinat Rostock eine Ansichtskarte an die Familie. Wahrscheinlich hielt sie sich im Lager schon länger auf, denn sie erhielt bereits Post von zu Hause.

Bild 4 und 5 – Kinderferienlager

Der Text:

„Hallo Ihr Lieben!
Heute Vormittag sind wir im Lager geblieben. Nachmittag gehen wir wieder baden. Wir machen heute auch eine Nachtwanderung. Über die Karte gestern habe ich mich sehr gefreut. Ich

schreibe noch 7 mal an Euch. Aber auf den Karten, die ich Euch schicke waren wir noch nicht. Morgen machen wir eine Dampferfahrt. Heute habe ich Tischdienst (langweilig)[34]*. Ich hoffe, das ich noch mal Post bekomme. Noch 12 Tage und bloß noch 10,-M. Naja*
Tschüß u. schönes Wetter Eure liebe Susanne"

Hier wird wieder mal die Geldknappheit thematisiert. Man kann es auch als indirekte Aufforderung für Geldnachschub auffassen. Der Satz: „*Ich hoffe, das ich noch mal Post bekomme*" könnte ein „Wink mit dem Zaunpfahl" sein.

***

Einen netten Text sandte ein Mädchen im August 1982 an ihre Eltern. In der Anrede vergisst sie weder Geschwister noch Haustiere oder wer sonst noch gemeint ist. Und diese Aufzählung nimmt schon die Hälfte der Karte ein.

„*Liebe Mutti + Vati +* [und und und]!
Wie geht es euch? Schreibt bitte mal. Es sind fiele liebe Mädchen. Neben mir ligt eine Katrin H. Sie läst sich imer neue iden einfallen mit dem Bett.
Tschüß Marion
Ich habe auch Briefumschläge vegessen"

Unzählige Fehler säumen die wenigen Zeilen.

***

34 Anm.: Zum Thema Tischdienst wird auch auf Seite 122 berichtet.

1983

Nicht allen Kindern bereitete der Aufenthalt im Ferienlager bzw. Pionierlager Spaß. Zwei Brüder schrieben im Juli 1983 aus Auerbach im Vogtland ihre Sorgen an ihre Eltern:

„Lieber Vati, liebe Mutti!
Jens und mir gefällt es im Lager gar nicht. Am Abend ist es im Zimmer sehr laut, wenn Herr B. nicht da ist. Wir sind froh, wenn wir wieder zu Hause sind. Tschüß Eure Jungs."

***

Aus dem Pionierlager „Rudi Arndt" im Kurort Oybin, im Zittauer Gebirge, wurde am 22. August 1983 eine Karte an die Großeltern gesandt, wobei die ersten beiden Sätze Fragesätze sind.
„Liebe Oma! Lieber Opa!
Warum schreibt Ihr mir nicht? Ist was passiert? Ich komme am Mittwoch 13.43 Uhr in Leipzig auf dem Hbf. an. Wir fahren heute nach Zittau zum Einkauf. Mal sehen was es gibt. Für Mutti habe ich eine Sammeltasse gekauft. Gestern abend war Sommernachtsball. Gestern Nachmittag war Pioniermarkt. Wir haben eine Erfrischungsbar aufgestellt. Tschüß Eure Beate"

Auf der Karte haben die Empfänger vermerkt: *„erh. 23.8.83 13.00"*
Ein Kind erwartet sofort eine Antwort. Das empfanden die Empfänger meist nicht genauso. Es kostete etwas Zeit und Mühe, auf die Briefe und Karten der Ferienkinder zu antworten. Meist gab es nicht viel Neues zu berichten, aber eigentlich ging es ja nur darum, überhaupt zu antworten, weil alle Kinder

Post erwarteten. Und wenn ein Kind lange auf Post von zu Hause warten musste, war es traurig und fühlte sich als Außenseiter.
Interessant ist auch der Text über den Einkauf in Zittau, der offen lässt, was gesucht oder gebraucht wird. In der DDR musste man sich oft überraschen lassen, was gerade angeboten wurde. Oft wurden dann Dinge gekauft, die man eigentlich nicht vordergründig benötigte, aber für den „Fall der Fälle" erst einmal erworben wurden. Als Tauschobjekt diente so manches ungewollte Teil und damit erreichte man dann auch sein Ziel.

***

Im Zusammenhang von Stadtbummel und Einkauf passt eine Karte vom 23. August 1978. In der Nähe von Berlin verlebte ein etwa 12jähriges Schulkind seine Ferien. Anhand der Schrift und dem Thema Einkauf könnte es ein Mädchen sein, allerdings weist das FDJ Hemd wiederum auf einen Jungen hin. Grußworte als Abschluss fehlen gänzlich. Es schrieb an die Eltern:

„Liebe Eltern!
Gestern waren wir in Berlin. Es war strahlend blauer Himmel. Ich habe weiter nichts gekauft, denn es gab ja nichts weiter. Heute ist Tag der Partei und wir müssen den ganzen Tag FDJ Hemd anziehen. Wir kommen Donnerstag um 14.05 Uhr an."

Aus den Zeilen klingt nicht gerade Begeisterung hinsichtlich der blauen Einheitskleidung, die aus einem bestimmten Anlass getragen werden musste.

***

1984

Auf der farbigen Ansichtskarte sind von links oben bis rechts unten folgende Abbildungen: Lagerleitungsgebäude, Speiseraum, Unterkunft, Grillplatz und Speiseraum sowie der Klub- und Fernsehraum. In Zingst auf dem Darß befand sich das Kinderferienlager „Lager der Freundschaft“ des VEB Chemiekombinates Bitterfeld. Die Luftveränderung an der Ostseeküste tat den Kindern und Jugendlichen gut, denn der Chemiebetrieb in Bitterfeld war bekannt für die Umweltverschmutzung. Bei einer Durchfahrt mit dem Zug sah man außer grauschwarzen Rauchwolken nichts von der Landschaft. Das habe ich selbst erlebt.

Ferienlager in Zingst auf dem Darß

Als Absender steht FDJ-Lager des CKB. FDJ heißt wie bereits an anderer Stelle erwähnt: Freie Deutsche Jugend, die andere Abkürzung bedeutet Chemiekombinat Bitterfeld.

Die Karte wurde im Sommer 1984 nach Bad Düben, wahrscheinlich an die Eltern versandt:

„Ihr Lieben!
Hier ist es ganz prima!!! Wir sind in einem Zeltlager untergebracht. Meine Gruppe ist auch toll bis auf wenige Ausnahmen. Einen Sonnenbrand habe ich auch schon weg. In Zingst waren wir auch schon. Heute Nacht war ein fürchterliches Gewitter. Ringsum uns gab es viele Einschläge. Da hab ich ganz schön gebibbert. Verzeit[35] *mir, daß ich so spät schreibe, aber ich hatte noch gar keine Zeit. So nun mach ich Schluß.*
Tschüß Eure Heidi

Hoffentlich wird der Kirschbaum schnell reif."

***

35 Anm.: Verzeit ist die Schreibweise im Originaltext.

1985

Am 10. Juli 1985 berichtete ein Mädchen ihre Erlebnisse vom Ferienlager an der Ostsee. Auf der Postkarte der Konsumgenossenschaft der Stadt Leipzig ist das Lager mit Lagereingang und einigen Bungalows im Wald abgebildet. Trassenheide befindet sich auf der Insel Usedom.

Steilküste auf Usedom im Sommer 1975

„Liebe Omi, lieber Opi!
Heute möchte ich gleich noch mal schreiben. Bei uns ist es sehr schön. Das Wetter zur Zeit auch. Bei uns scheint im Lager ein Dieb zu sein. Gestern war meine Kelle weg u. jetzt fehlt bei einem Mädchen die Geldbörse.
Ich hoffe, das sie bald wieder eintrifft. Das wärs für heute Tschüß Eure D.“

Die Briefmarke kostete damals in der DDR 10 Pfennig und das Motiv könnte auch heute noch von Interesse sein, denn der

„Palast der Republik“ ist darauf abgebildet – den es nicht mehr gibt. Er befand sich in Berlin an der Spree, an der Stelle, wo früher das Schloss der Hohenzollern stand. Seine Existenz bestand nicht sehr lange, denn etwa Ende der 1990er Jahre wurde er abgerissen, auch auf Grund von Asbestverwendung, die ja bekanntlich gesundheitsschädlich ist. Im Volksmund nannte man den Palast „Erichs Lampenladen“, weil geradezu verschwenderisch viele Lampen darin hingen.

Moderne und Historie treffen im Humboldtforum aufeinander

Schlossportal III wieder originalgetreu aufgebaut

Heute ist das Schloss wieder aufgebaut, allerdings sind moderne Gebäudeensemble mit historischen Schlossportalen verbunden worden. Es nennt sich **Humboldtforum**.[36]

***

Aus dem selben Ferienlager in Trassenheide schrieb einige Wochen später, am 2. August 1985, noch ein anderes Kind an seine Oma in Torgau. Der Junge hat wohl kurz vor dem Mittagessen schnell noch eine Postkarte geschrieben. Auf Grund des schlechten Wetters verbrachten die Kinder ihre Freizeit im Lager statt am Strand.

„Liebe Oma!
Das Wetter ist nicht besonders schön. Wir werden dann Essen gehen. Gestern hatte ich Tischdienst. Heute hatten wir Sportfest. Gestern abend hatten wir eine Disko. Wir konnten Limo trinken und Bratwürste essen. Tschüß Falk"

Zum Thema Tischdienst:
Im Wechseldienst mussten die Kinder die Tische eindecken und abräumen. Nicht alle waren davon begeistert. (siehe Seite 115). Aber auch diese Tätigkeit wurde von den Mädchen und Jungen verlangt.

> „Da das Säubern des Eßbestecks von den Mädchen und Jungen selbst vorgenommen wird, muß auch hierfür eine hygienisch einwandfreie Einrichtung vorhanden sein."[37]

***

36 Anm.: Inzwischen ist die Besichtigung der Museen im Humboldtforum ohne vorherige Anmeldung möglich.

37 Autorenkollektiv unter Leitung von Walter Hoyer (Hg. 1968): Handbuch für das Betriebsferienlager, S. 45 f.

Aus dem Pionierlager „Grete Walter“ in Sebnitz/Sachsen grüßte ein Mädchen ihre Mutter. Es ist September 1985, eigentlich sind keine Ferien, aber vielleicht findet hier auch so eine Art vormilitärische Ausbildung statt.

Sie teilte mit:

„Liebe Mutti!
Viele liebe Grüße aus Sebnitz sendet dir, liebe Mutti, Deine J. Die Umgebung ist schön, aber hier kommt man sich vor wie im Knast. Nur Verbote, ganz forschbar! Naja, meine liebe Mutti, ich freue mich auf's Wiedersehen! Deine J.“

Sehr erfreulich klingen diese Zeilen nicht!
Das Wort „forschbar“, heißt natürlich „furchtbar“ und mir scheint, als hätte sie das Wort mit Absicht falsch geschrieben. Der nicht immer angenehm klingende sächsische Dialekt lässt bei manchen Leuten solche Worte zum Vorschein bringen.

Zumindest hat das Mädchen festgestellt, dass die Umgebung schön ist. Von Sebnitz aus, gelegen an der tschechischen Grenze, kann man viele Wanderungen unternehmen. Auch die Stadt Sebnitz, Stadt der Kunstblumen genannt, hält so manche interessante Sehenswürdigkeit bereit – zum Beispiel das Heimat- und Kunstblumenmuseum, in einem historischen Weberhaus untergebracht.

***

1986

Aus dem Kinderferienlager in Halberstadt schrieb ein Mädchen eine farbige Ansichtskarte, die allerdings nicht postalisch versandt wurde. Vielleicht endete die Ferienzeit und die Karte wurde wieder mit nach Hause genommen.

„Viele liebe Grüße aus Halberstadt. Wir gehen manchmal in den Halberstädter See. Ich [hoffe] *Dir geht es gut. Deine Carola"*

Wie bereits festgestellt, fehlte die Briefmarke.

***

1988

Aus den Winterferien schrieb der Junge Karl an seine Eltern in Aue. Er befand sich nicht weit entfernt im Pionierlager in Schneeberg. Wie man auf der Karte sieht, zierten eine erzgebirgisch Pyramide und traditionelle Schwibbögen das Pionierlager.

Er schrieb:

„Liebe Eltern!
Mir gefällt es hier sehr gut. Ich liege in einem Dopelstockbett oben. Bei uns hat es schon Geschneit. Das Essen schmeckt auch sehr gut. Viele Grüße Euer Karl“

Das Wörtchen „hat“ hat er zunächst mit Doppel „t“ geschrieben, sich aber verbessert. Natürlich fehlt ein „p“ beim Doppelstockbett. Die Groß- und Kleinschreibung ist für viele auch heute noch ein Problem. Daher hat er das Wort „Geschneit" eigentlich erst fehlerfrei geschrieben, dann aber den Anfangsbuchstaben groß geschrieben.

***

Am 30. Juli 1988 schrieb ein Ferienkind aus einem Ferienlager in der Nähe von Storkow bei Berlin. Die Schrift ist alles andere als ordentlich, es sieht fast so aus, als wäre die Karte schnell noch fertig gekritzelt worden, da das Ferienprogramm dort sehr vielseitig war und sie nichts verpassen wollte. Die Freundin, an die sie die Post adressierte, befand sich ebenfalls in einem Ferienlager, aber in einer ganz anderen Gegend, im Erzgebirge.

„Hallo Beate!
Danke für deinen Brief. Ich habe mich sehr über ihn gefreut.- Bei uns ist strahlendes Wetter. Ich hoffe bei dir auch. Gestern war Disco. Heute ist Lumpendisco und Bergfest. Beginn 19.00 Uhr. Heute waren wir Baden. Angeln waren wir auch, aber ich habe nichts gefangen. Wie geht es dir? Mir geht's sehr gut. Also bis zum nächsten Mal. C."

***

Aus den 1980er Jahren meldet sich noch einmal eine Helferin eines Kinderferienlagers zu Wort. Auf der Karte aus Neudorf im Kreis Quedlinburg ist nicht eindeutig zu entnehmen, welcher Tätigkeit sie nachgeht. Ich vermute, sie arbeitete in der Küche und da gab es natürlich immer viel zu tun.

Der Text:
„Viele liebe Grüße aus dem Kinderferienlager sendet Dir – liebe Oma – Sabine. Die Arbeit ist sehr anstrengend und die Zeit vergeht nur sehr langsam. Wir arbeiten in der Spätschicht von 12.00 – 19.00 Uhr. Naja, es ist ja nicht mehr sehr lange. Tschüß Sabine"

*** ↓

Die Karte gehört nicht zum Text oben, aber das Küchenmotiv passt zum Textinhalt.

Auf der Karte ist das Ferienheim „Waldfrieden" bzw. das Kinderferienlager in Stollberg des VEB Werk für Fernsehelektronik Berlin abgebildet.
Hier ist die Welt noch in Ordnung, denn eine Schafherde tummelt sich in unmittelbarer Nähe des Ferienlagers. Auch die schwere Arbeit des Küchenpersonals wird auf dieser Ansichtskarte gewürdigt.

Als Abschluss der Ferienlagerzeit aus dem Jahr 1988 schrieb ein Junge an seine Großeltern die auf der vorhergehenden Seite abgebildete Karte aus Stollberg.

„Liebe Omi! Lieber Opi!
Ich bin gut angekommen. Es ist sehr schön. Wir haben gleich am ersten Tag eine große Wanderung gemacht. Gestern sind wir nach Karl-Marx-Stadt ins Puppentheater gefahren. Wir haben den Spielfilm Vogelkopp [gesehen]. *Heute machen wir ein Toristisches Wandern. Viele liebe Grüße Dein Jörg"*

Der Buchstabe „u" bei Touristenstation, von einem Kind auf Seite 38 lustigerweise als „Toristenstatschon" geschrieben oder hier im Kartentext „Toristisches", wird beim Schreiben einfach weggelassen, vermutlich aus dem Grund, weil der Buchstabe nicht hörbar ist. Oder vielleicht dachte das Kind auch an das Wort „Tor". Ich denke, von allein kämen die Kinder nicht auf die Idee, dieses Wort zu verwenden. Sie kennen es wahrscheinlich gar nicht.

***

Karten aus Teterow

Mehrere interessante Karten aus verschiedenen Jahrzehnten tauchten aus dieser kleinen mecklenburgischen Stadt auf, so dass an dieser Stelle einige Texte erscheinen sollen. Die chronologische Reihenfolge spielt hierbei keine Rolle.

Auf der Karte ist der

„Hechtbrunnen"

abgebildet, wahrscheinlich ein Wahrzeichen der Stadt. Näheres über den Betrieb oder das Kinderferienlager wird nicht erwähnt bzw. der Absender fehlt ganz. Aus dem Text geht hervor, dass das Kind schon etwas länger in Teterow im Lager ist, denn der erste Satz lautet: *„Ich möchte dir auch mal wieder schreiben.*" Und das geschah im Juli 1978.

„Liebe Mutti!
Ich möchte dir auch mal wieder schreiben. Wie gefällt es denn euch in Karl-Marx-Stadt? Mir gefällt es hier sehr schön. Heute Morgen waren die Pferde hier. Und heute Nachmittag hinterm Kaffeetrinken ist Disko. Und hinterm Abendbrot ist ein Filmfortrag. Der Film heißt „Beberino". Hier sind auch Arbeitsge-

meinschaften. Ich gehe in junge Sanitäter rein. So das wärs für heute. Tschüß Evi – Schreibt mal"

Die Ausdrucksweise lässt zu wünschen übrig, denn „hinterm" ist unschwer als „nach dem" zu erraten.
Evi schreibt über Arbeitsgemeinschaften und hat sich für „junge Sanitäter" entschieden.

> „Eigentlich sollte die Tätigkeit des jungen Sanitäter schon vor der Reise ins Betriebsferienlager beginnen. Es wird den Mädchen und Jungen beim Zusammenstellen der notwendigen Materialien für die persönliche Körperhygiene helfen."[38]

Die Ausbildung umfasst, an dieser Stelle ganz kurz und knapp gesagt, die theoretische und praktische Unterweisung in der Ersten Hilfe. Die jungen Sanitäter übernahmen verschiedene

38 Autorenkollektiv unter Leitung von Walter Hoyer (Hg. 1968): Handbuch für das Betriebsferienlager, S. 108 – Abbildung: S. 109

Aufgaben im Lager. Sie leisteten bei kleinen Sportverletzungen Erste Hilfe, achteten auf Ordnung und Sauberkeit sowie die Einhaltung der Hygieneregeln.

***

In den 1950er Jahren schrieb ein Kind an die Mutti nach Falkensee seine Eindrücke:

„Liebe Mutti!
Gestern waren wir in einer Ziegelei. Wir hörten auch die Sage über den Hertasee. Es war eine Schweriner Gruppe hier. In dieser Gruppe war wenigstens Kammeradschaft. In unserer Gruppe herscht keine Kammeradschaft. Herzliche Grüße Dein Dieter"

Der Junge berichtet, was er erlebt hat und was ihn beschäftigt. Die Sage von der Prinzessin Hertha, die auf dem Grund eines kleinen Sees lebte und Wünsche erfüllte, hat ihm wahrscheinlich imponiert. Aus den wenigen Zeilen erfährt man, dass der Junge Interesse für die Angebote des Ferienlagers zeigt, sich aber in seiner Gruppe anscheinend nicht sehr wohl fühlt. In der anderen Gruppe geht es kameradschaftlicher zu, so lautet zumindest seine Meinung. Heute spricht man von Freundschaft. Der Begriff Kameradschaft innerhalb einer Kindergruppe ist eher unüblich. Die fehlerhafte Schreibweise ist Originaltext.

Außer der „Herthasee-Sage" hält Teterow noch die „Hechtsage" bereit. Aus gutem Grund steht der bereits erwähnte „Hechtbrunnen" auf dem Marktplatz der Stadt. Eine Karikatur und ein Gedicht auf der nächsten Seite beschreibt das Geschehen der Sage.

Im Jahr 1965 schickte ein Kind, vermutlich an seinen Bruder, eine wirklich nette Karte.

Er schrieb in ein Zeltlager, wo sich der Bruder zur damaligen Zeit befand.

„Teterow 28.7.65
Lieber Wolfgang!
Wie geht es Dir? Mir geht es gut. [*Heute hat* – das wurde wieder durchgestrichen] *Petra hat heute die Milch augekekippt.* [ausgekippt] *Die Ferienspiele sind gut ausgegangen. Digedag Nr. 104 hab ich gekauft. Es heißt Tumult auf der Mirabella. Heute essen wir Hüner. Viele Grüße von Vati, Petra, Oma, Mutti und* [*Ich* – wurde wieder durchgestrichen] *mich* [wurde auch wieder durchgestrichen] *mir"*

Er wollte doch unbedingt dem Bruder vermelden, dass Schwester Petra die Milch verschüttet hat. Es gibt das Sprichwort: „Das ist verschüttete Milch“ – also: Darüber braucht man nicht mehr nachdenken, geschweige denn reden. Das ist nun mal passiert, das lässt sich nicht mehr rückgängig machen. Aber der Bruder sollte es doch wissen.

***

Teterow – Malchiner Tor

Aus dem Kinderferienlager „Erich Strüwing“ in Dahmen Kreis Teterow sandte im Juli 1972 ein Junge an eine befreundete Familie in Sachsen folgende Zeilen:

„Liebe Fam. M. Herzliche Grüße aus Damen. Mir geht es gut. Viele Grüße an alle Euer Peter“

Der Ort heißt Dahmen, aber der Junge dachte vielleicht an die „Damen“.

Der Kreis Teterow befand sich im Nordwesten der Stadt Neubrandenburg, bestand später als Landkreis fort und das Gebiet gehört heute zum Landkreis Rostock Mecklenburg-Vorpommern.

Als letzte Karte des Kapitels „Karten aus Teterow" wurde in den 1960er Jahren eine Karte – übrigens wieder mit dem Motiv Malchiner Tor – an ein junges Mädchen geschrieben. Es ist unklar, welcher Anlass zum Aufenthalt ins unwirtliche Dorf führte. Es könnte auch mit dem Armeedienst zusammenhängen. Der Text jedenfalls „spricht" Bände.

„Meine liebe Silke!
Sind heute an unserem Dorf angelangt. Hier ist [es] *sehr ungemütlich. Wir schlafen hier auf Stroh in einem Raum der kurz vor dem Einsturtzen*[39] *ist. Übers Essen kann ich nicht schreiben, denn wir haben noch nichts bekommen. Augenblicklich regnet es sehr heftig. Nun müßen wir unsere Sachen einräumen. Herzliche Grüße Heinz"*

Ursprünglich wollte er Einsturz schreiben, hat aber noch die Endung „en" ergänzt.

***

39 Anm.: Es heißt natürlich Einsturz bzw. Einstürzen

Aktionen und Spiele im Kinderferienlager

Zahlreiche Unternehmungen und Aktionen veranstalteten die Lager- und Gruppenleiter sowie Helfer und Helferinnen.

Sport und Spiel:

Vor allem der Sport stand an erster Stelle. Auch das Luftgewehrschießen gehörte mit zum Programm. Und über diese Aktion wurde den Kindern eine Urkunde ausgestellt. Sport hat viele Facetten. Dazu gehörte im Ferienlager ebenfalls die erzieherische Komponente, nämlich den Kindern auch in gesellschaftlicher Beziehung Maßstäbe zu vermitteln.

> „Sport und Spiel fördern die allseitige körperliche Grundausbildung und besonders die Ausbildung der physischen Grundeigenschaften wie Kraft, Schnelligkeit, Ausdauer und Gewandtheit; tragen zur Erziehung junger Patrioten bei, die fähig und bereit sind, ihre sozialistische Heimat zu verteidigen; dienen auch dem Ausgleich und der Erholung.“[40]

Der Begriff Grundausbildung ist zweideutig, denn Neuankömmlinge im Armeedienst durchlaufen ebenfalls eine Grundausbildung. In einem weiteren Unterkapitel im Handbuch für das Betriebsferienlager wird noch einmal betont:

„*Hauptinhalt* des Sportes im Betriebsferienlager ist die allseitige körperliche Grundausbildung der Mädchen und Jungen.“[41]

---

40 Autorenkollektiv unter Leitung von Walter Hoyer (Hg. 1968): Handbuch für das Betriebsferienlager, S. 198 f.

41 Ebd.

Die Autorin schrieb im Juli 1973 aus Lengenfeld im Vogtland einen Brief an die Eltern, in dem sie über ein Sportfest berichtete:

„...Wir hatten heute Sportfest. Da haben wir Seilspringen, Hindernisslauf, Geländelauf, 60 m – Lauf, Schießen, Dreierhopp, Kegeln, Liegestütze und Keulenwurf. Da habe ich ganz gut abgeschlossen."

Und ein Jahr später am 1. August 1974 aus dem Ferienlager in Wolzig bei Berlin wird den Eltern mitgeteilt:

„Morgen am Freitag ist Sportfest. Heute haben wir geschossen mit dem Luftgewehr. Ich habe von 5 Schuss neun Punkte. Wir haben eine ganz große Wiese mit 3 Tischtennisplatten und einen Volleyballplatz..."

***

Ungewöhnliche Aktionen:

„Gestern sind wir in den Wald gegangen und haben Schlangen gefangen"
schrieb ein abenteuerlustiger Junge im Sommer 1971 aus Einsiedel/Sachsen.

***

Kinobesuche:

Im selben Brief vom Juli 1973 berichtete die Autorin über einen Kinobesuch:
„...Vor ein paar Tagen waren wir im Kino. Es kam der Film der Rächer mit der Maske. (Er war ab 14)."

Besonders stolz war man darauf, wie hier erwähnt, wenn die Altersgrenze unterschritten wurde. Ebenfalls aus Lengenfeld folgte ein weiterer Brief an die Eltern:

„....Wir wollen da in den Film gehen „die Geheimnisvollen Rächer". Den Film habe ich schon einmal gesehen. Er handelt von der Oktoberrevolution von früher."

Es stimmt nicht ganz, denn es ist die Zeit um 1920, als der Bürgerkrieg zwischen den Weißgardisten und den Rotgardisten (Rote Armee) tobte.

Filme mit den Themen Sowjetunion, Bürgerkrieg, Armee und Oktoberrevolution standen oft auf dem Programm. Aus heutiger Sicht erscheint es unbegreiflich, dass 12jährige Kinder mit derartigen Themen belastet wurden. Aber so war das in der DDR!

Auch die Schwester der Autorin schrieb über Filme dieser Kategorie.[42] Hier an dieser Stelle noch einmal der betreffende Ausschnitt:

„Gestern abend haben wir einen Film gesehen, das war wiedermal von der russischen Armee einer, es war großer Mist.“

***

Außer den Kinobesuchen organisierten die Verantwortlichen verschiedene kulturelle Veranstaltungen wie Lichtbildervorträge oder Puppentheater. Alles was die Kinder erlebten, teilten sie sofort ihren Angehörigen mit, damit diese sich eine Vorstellung vom Ferienlagerleben machen konnten. Einige Ferienkinder besuchten das Schloss Sanssouci. Näheres erfährt man auf der Karte nicht. Das Mädchen befand sich in Königswusterhausen und von dort ist es nicht weit bis Potsdam. Das Baden stand allerdings an erster Stelle:

„3 Mal waren wir schon baden, und in dem Schloß Sanssouci waren wir auch.“

Auch Städte wie Berlin, Potsdam, Annaberg-Buchholz oder Meißen wurden erkundet.

***

42 Anm.: Brief vom 15. Juli 1975 auf Seite 95/96

Besondere Wünsche der Kinder

Einige Kinder beschäftigte Dinge, die nicht unmittelbar mit dem Aufenthalt im Ferienlager zu tun hatten. Sie baten die Eltern oder andere Personen dieses oder jenes zu veranlassen. Einige Beispiele belegen die Gedankenvielfalt der Kleinen.

„Liebe Silvia! Bitte gieße im Kinderzimmer auf dem Fernseher den russischen Wein, es wäre schade, wenn er eingehen würde."

„Du Mutti, gucke bitte mal in meinen Schrank oberes Fach, da ist ein Brief an Onkel Helmut. Stecke den Brief doch bitte in den Kasten. Vergiß es aber nicht."[43]

Ein Kind erinnerte die Mutti daran, dass

„die Schulbücher abgeholt werden müssten."

In der DDR war es üblich, zum Ende der Ferien die Bücher in der Schule für das neue Schuljahr zu entleihen. Mitunter war der Zustand nicht mehr der Beste. Man musste sich in eine Tabelle im Buch eintragen mit der Bemerkung über eventuelle Beschädigungen wie Eselsohren oder Kaffeeflecken.

***

---

43 Anm.: Ausschnitt aus einem Brief der Autorin vom 1. August 1974 an die Eltern

Das gab es auch: Verbote

Ein Junge schrieb aus dem Ferienlager im Land Brandenburg an Oma und Opa ganz selbstbewusst über das Verhalten der Kinder.
Die Briefmarke wurde entfernt und datiert wurde die Karte nicht. Schon am Vorname des Schreiberlings als auch an der Kartenqualität ist erkennbar, dass es sich um die Zeit der 1950er Jahre handeln könnte.

„Liebe Oma und Opa
Ich bin gut angekommen. Wir sind schon am ersten Tag ganz laut gewesen. Es grüßt Rudi"

Ob sich hieraus Konsequenzen ergaben, ist natürlich nicht bekannt. Anderen Kindern, die sich auch nicht an den normalen Lautstärkepegel hielten, folgte „die Strafe auf den Fuß". Ihnen wurde Badeverbot erteilt.
Das betreffende Kind schrieb am 30. Juli 1970 aus einem Ferienlager nahe Neuruppin:

„Ihr Lieben!
Das Wetter ist sehr schön. Heute sind wir mit dem Dampfer gefahren. Wir haben die ganze Woche badeverbot. Weil wir ganz leise waren. Das ist alles Mist. Viele Grüße Helga.
Aber mir ist das Egal."

Für das Wort „Mist" schrieb sie zuerst „Betrug" – hat es aber wieder durchgestrichen und durch „Mist" ersetzt. Badeverbot hat sie klein geschrieben und auch sonst machte sie Fehler, aber berichtigte einige Wörter. Egal hat sie groß geschrieben.

Das Zitat von Seite 60: schon von vornherein gibt es im Lager viele Verbote.

„Wegen dem Wasser brauchst du keine Angst zu haben. Es sind so viele Verbote da, daß nichts passieren kann."

Hier noch einmal das Zitat von Seite 123:
„Die Umgebung ist schön, aber hier kommt man sich vor wie im Knast. Nur Verbote, ganz forschbar!"

***

Über das Wetter

Fast auf jeder Karte wird das Wetter thematisiert. Darüber braucht man nicht lange nachdenken, selbst den schreibfaulsten Kindern fallen ein paar Worte über das Wetter ein. Hier einige Beispiele aus dem Sammelsurium über das Wettergeschehen.

- Ein Junge schrieb aus dem Ferienlager Hartmannmühle im Erzgebirge im August.

  „*Heute ist es hier furchtbar kalt*".

  Unter furchtbar kalt stellt man sich eher eine Schneelandschaft vor.

- Das stellte ein Junge im Juli 1976 in Born auf der Halbinsel Darß fest.

  „*Das Wetter dient nicht so gut wie wir brauchen*".

- Ein Mädchen teilte im August 1985 ihrer Oma mit:

  „*Das Wetter ist nicht besonders schön*" –

  Sie befand sich auf der Insel Usedom.

- Ein Mädchen wollte im Sommer 1977 von ihrer Freundin wissen.

  „*Sag mal, ist bei Euch auch so schlechtes Wetter?*"

- Eine Wirtschaftshilfe, die in Wolzig arbeitete, schrieb:

  „*Das Wetter ist zur Zeit schlecht. Es regnet am laufendem Band*".

- Das ist eine Feststellung der Autorin im Sommer 1975 am Haff in Polen:

  „Das Wetter geht.“

- schrieb die Mutter der Autorin aus Papstdorf im Sommer 1956.

  „Heute ist der 1. schöne Tag.“ –

- Im Juni 1967 wurde verkündet:

  „Wetter geht zur Not“

- das schrieb im Sommer 1973 eine Schülerin.

  „Hier ist es schön. (das Wetter).“

- Ein Junge vermeldete im Sommer 1984 aus dem Zeltlager Crispendorf.

  „Durch den Regen ist schon unser Sportfest und das Manöver ausgefallen“.

- Zum Schluss dieses Kapitel wird ein witziger bzw. widersprüchlicher Text über das Wetter und anderes zu lesen sein. (etwa Anfang der 1960er Jahre geschrieben aus Grünheide im Vogtland)

  „Liebe Oma! Grünheide
  Wir sind gut angekommen. Das Wetter ist gut. Nur es regnet oft. Gestern war ein großes Gewitter. Heute kommen die Lenin Pioniere. Viele Grüße Dein Fred“

***

Über die Verpflegung

Über das Thema Essen äußerte sich fast jedes Kind. Das Essen sollte natürlich gut schmecken und reichlich sein. Meistens bleibt es bei allgemeinen Floskeln wie „das Essen schmeckt gut“. Aber es gibt auch Mitteilungen, die etwas konkreter werden.

- Ein Junge schrieb aus Trassenheide im Sommer 1969:

„Verpflegung ist in den Ersten Tagen nicht sehr gut, aber im Speiseplan für später wird sie besser.“

Offensichtlich hat er sich kundig gemacht, welches Essen es in den nächsten Tagen geben wird – also sehr vorausschauend.

Speisesaal im Kinderferienlager „Fritz Weineck“ des VEB Karosseriewerk Halle in Neudorf Kreis Quedlinburg

- Die Schwester der Autorin meinte im Sommer 1976:

„Essen bekommen wir genug. Es schmeckt jetzt auch einigermaßen gut. Wir bekommen 1. Frühstück, 2. Frühstück, Mittagessen, Kaffeetrinken u. Abendbrot."

Sie verbrachte die Ferien im Ferienlager in Braniewo in Polen.

- Einem Ferienkind war das Thema Essen besonders wichtig, denn es schrieb im Juli 1969 aus Bad Saarow an die Eltern ausschließlich über das Essen und Trinken. Die Anrede fehlte.

„Mir geht es sauwohl. Bis Sonntag war schlechtes Wetter heute aber herrliches Wetter. Das Essen schmeckt schau. Heute gab es Reis. Früh gibt es immer ¼ l Milch. Mittags selten. Abends gibts Tee. Das Essen ist reichlich. Habe mir nur Limo gekauft. Es gibt zwar Tee + Kaffee, aber das schmeckt doof. Obst gabs noch nicht. Das Vesper ist nicht besonders. Sonst gehts. Mehr im Brief Gruß S.
Brauche Briefmarken"

***

Jugendherbergen und anderes

Es heißt zwar „Erlebnisse aus dem Kinderferienlager", doch gerade die älteste Karte von 1952 wurde aus einem Jungschar Ferienlager in Dinkelsbühl an die Eltern nach Nürnberg geschrieben. Das ist aber nur eine kleine Ergänzung, weil die Karte in der Sammlung vorhanden ist.

Vor 1945 liegen mir zwei Karten vor, eine vom Bruder meines Vaters, der im Juli 1940 im Schloss Rochsburg (Sachsen) in der Jugendherberge weilte. Und zum anderen eine Karte aus der Jugendherberge in Neudorf im Erzgebirge von den Geschwistern Else und Marianne, die im August 1939 ihre Ferien dort verbrachten. Sie schrieben an ihre Eltern genau wie viele Jahre später die Kinder aus dem DDR-Ferienlager: Wir sind gut angekommen, das Wetter ist schön, das Essen schmeckt usw.

Der Text vom 23. Juli 1952 aus Dinkelsbühl:

„Liebe Eltern!
Ich vermisse bis jetzt jegliche Briefe von Euch. Warum schreibt Ihr mir nicht? Das Wetter bei uns ist bis heute schön geblieben. Kommt bitte am Sonntag! Die Verpflegung ist reichlich und gut. Wir waren schon in Dinkelsbühl auf der Kinderzeche. Herzliche Grüße Euer Günther"

***

Die nächste Karte wurde aus einem Kindergenesungsheim aus Wiek (Rügen) an die Eltern in Dresden geschickt. Das Briefmarkenmotiv zeigt noch Wilhelm Pieck, also stammt die Karte vom Anfang der 1950er Jahre.

„Liebe Mutti und Vati!
Ich habe mich sehr gefreut über euren Brief. Wir sind am Botten gewesen. Das war sehr schön. Aber der Wind pfiff so stark das er mich weg blies. Grüse Günter und Gabi. Wünscht eure Ch.“

Der „Botten“ heißt natürlich „Bodden“. Auf dem Stempel ist erkennbar, dass die Karte Ende Januar versandt wurde. Im Winter kann es an der Ostsee recht stürmisch zugehen, jedoch wird das Kind wohl nicht durch den Wind in die Lüfte gehoben worden sein, wie es in der Geschichte vom „fliegenden Robert“ im Struwwelpeter[44] erzählt wird. Das ist eine erfundene Geschichte, die Kinder warnen soll, bei starkem Sturm lieber zu Hause zu bleiben.

Wiek auf Rügen – Hafen mit Kreidebrücke

44 Anm.: Hans Hoffmann (1804-1894) – Erfinder der Struwwelpetergeschichten

Als Abschluss in dieser Publikation wird über eine Jugendherberge in historischem Gemäuer in Bautzen/Sachsen berichtet.

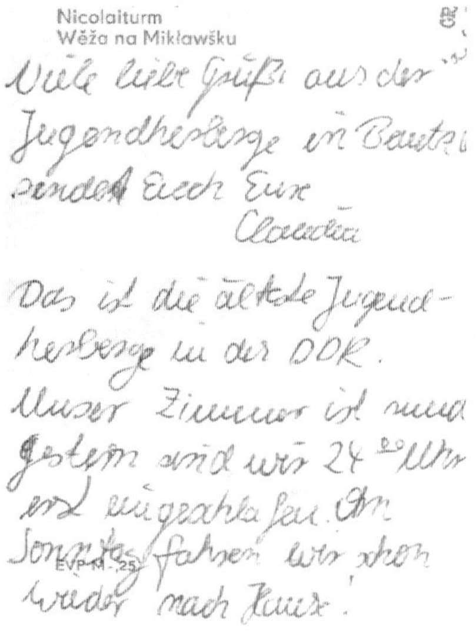
Nicolaiturm
Wěža na Mikławšku

Viele liebe Grüße aus der Jugendherberge in Bautzen sendet Euch Eure Claudia

Das ist die älteste Jugendherberge in der DDR. Unser Zimmer ist neu. Gestern sind wir 24 Uhr erst eingeschlafen. Am Sonntag fahren wir schon wieder nach Hause!

EVP M -,25

Bautzen - Nicolaiturm

Die Autorin nahm vom 28. bis 30. Januar 1977 an einer Klassenfahrt in diese Jugendherberge teil.

Als Teil der Stadtbefestigung wurde der Nicolaiturm, ein Torturm, vor 1522 errichtet. Das Tor heißt demzufolge auch Nicolaitor. Eine Jugendherberge ist anscheinend nicht mehr im Turm zu finden, stattdessen gibt es dort jetzt eine Ausstellung.

***

VEB – Volkseigene Betriebe und ihre Ferienlager[45]

Ferienlager in Sachsen:

Betriebskinderferienlager in *Kleingießhübel* Gaststätte
Rölligmühle des
VEB Polygraph ↓

Rechts oben: Die Rölligmühle im Krippengrund

Betriebskinderferienlager in *Obercunnersdorf OT von Kottmar*
der Wasserwirtschaft Cottbus

Betriebs- und Kinderferienlager *Karsdorf Heidemühle*
HOG Berlin-Mitte

---

45 Anm.: Eine kleine Auswahl von Ferienlagern von besonders beliebten Gegenden wird aufgeführt. Eine vollständige Liste ist nicht möglich.

Kinderferienlager „Herbert Blochwitz“ in *Geising-Hartmannmühle/Osterzgebirge* des
VEB TuR Dresden (Transformatoren- und Röntgenwerk)

Kinderferienlager *Wiesa Erzgebirge* des
Braunkohlewerk Regis

Kinderferienlager in *Geising Erzgebirge* des
VEB Sachsenwerk Dresden

Kinderferienlager „Ernst Thälmann“ *Hertigswalde b. Sebnitz*
Gasthaus Richter

Kinderferienlager *Oppach (Kreis Löbau)* des
VEB Kombinat „Schwarze Pumpe“

Kinderferienlager *Meißen, Boselweg* des
VEB BKK Lauchhammer (Braunkohlekombinat)

Kinderferienlager *Meixmühle bei Dresden-Pillnitz* des
RAW „Franz Stenzer“ Berlin

Kinderferienlager *Mohorn Grund, Kreis Freital* des
VEB Schamotte-Kombinat Brandis

Kinderferienlager *Millensee Lawalde/Oberlausitz*

Kinderferienlager *Pechtelsgrün i. Vogtland* des
VEB „Junkalor“ Dessau

Betriebs-Kinderferienlager „Philipp Müller“ in 8351
Rennersdorf Neudörfel des
VEB Kombinat Schwarze Pumpe

Kinderferienlager *Raun (Vogtland)* im Gasthaus Felsenkeller

Kinderferienlager im *Gasthof Rockau (Schönfelder Hochland)*

Betriebskinderferienlager *Geyer/Erzgebirge*, Ferienheim
„Waldschänke“ des VEB Bau (K) Annaberg

Kinderferienheim „Juri Gagarin“ in *Johnsbach (in der Nähe
von Glashütte)*

Betriebskinderferienlager in *Rodewisch (Vogtland)* des
VEB Strumpfkombinat „Esda Thalheim“ ↓

*Betriebskinderferienlager in Rodewisch (Vogtland):
Pestalozzi Schule*

Betriebsferienlager in *8803 Hainewalde/Lausitz* des
Staatl. Straßenunterhaltungsbetrieb Cottbus

Kinderferienlager „Solidarität“ *9382 Augustusburg/Erzgebirge*
VEB Holzbauwerke Bernsdorf

Betriebskinderferienlager „Hertha Lindner“ in *Schellerhau* des
Wirtschaftsrates des Bezirkes Dresden und
Ferienheim des VEB Kelterei Lockwitzgrund

Kinderferienlager *Schmiedeberg/Pöbeltal*
VEB Waggonbau Dessau

Kinderferienlager „Sonnebergbaude“ in *Waltersdorf bei Zittau*

Betriebsferienlager in *Obercrinitz Kreis Zwickau* des
VEB Steinkohlewerk „Karl Liebknecht“
Oelsnitz/Erzgebirge

Kinderferienlager „Sonnenland“ *Spechtshausen Kreis Freital*
des VEB Damastweberei Oberoderwitz/Oberlausitz

Kinderferienlager *Frauwalde über Wurzen* des
VEB Bezirksdirektion des Straßenwesens Leipzig

Kinderferienlager „Geschwister Scholl“ in *Taltitz/Vogtland* des
VEB Kombinat Espenhain

***

Pionierlager (sofern bekannt) in Sachsen:[46]

Kinderferienlager und Zeltlager „Klement Gottwald“ in *Papstdorf/Sächsische Schweiz* ↓

Auf der Rückseite steht:
Das Essen in diesem Gebäude war sehr reichlich
(Speisesaal im Ferienlager Papstdorf)

Pionierzeltlager *Rosenthal (Sächsische Schweiz)* der Wismut

Pionierlager „Rudi Arndt“ *in Oybin (Kreis Zittau)*

Pionierlager in *Sebnitz/Sächsische Schweiz*

---

46 Anm.: Ausführliche Beschreibung über die Organisation der Zentralen Pionierlager und Ferienlager der FDJ ist unter https://de.wikipedia.org/wiki/Zentrales.Pionierlager zu erfahren. Dort existiert auch eine Liste der Lager, die allerdings auch nicht vollständig ist.

Ferienlager in Thüringen:

Kinderferienlager in *Lauscha/Thüringer Wald*
Steinkohlewerk „Martin Hoop“ Zwickau

Kinderferienlager *Masserberg (Thü.)* Gaststätte„Massermühle“
VEB Büromaschinenwerk Sömmerda

Kinderferienlager *Meura Thüringer Wald*
VEB Stahl- und Walzwerk Gröditz

Kinderferienlager „Valentina Tereschkowa“ *Lippersdorf-Erdmannsdorf Kreis Stadtroda* des
VEB Metallbaukombinates Werk Leipzig

Kinderferienlager „Karl Marx“ *Crispendorf/Thüringen*
Pionierlager der IG Wismut

Kinderferienlager „Peter Göring“ in *Bad Klosterlausnitz* des
VEB BKK Geiseltal

Betriebsferienlager in *Tambach-Dietharz* des
VEB Schraubenwerke

Ferienlager „Theo Neubauer“ mit Waldgaststätte Krätzersrasen
des VEB Wälzkörperfabrik Bad Liebenstein II

Betriebsferienlager in *Kranichfeld/Thüringen* des
VEB EVK „Otto Grotewohl“ Böhlen (Bezirk Leipzig)

Kinderferienlager in *Dembach/Thüringen* des
VEB Kali- und Steinsalzbetrieb

Kinderferienlager in *Reichenbach bei Unterloquitz bei Saalfeld*
VEB Hydrierwerk Zeitz

Kinderferienlager in *Rabenberg/Thüringen* der
DR = Deutschen Reichsbahn

Kinderferienlager „Freundschaft“ in *Möckern Kreis Stadtroda*
(Weihertalmühle) des
HO-Kreisbetriebes Lebensmittel, Gaststätten

Betriebskinderferienlager *„Leutnantsmühle“ b. Altenfeld/Thür.*
VEB Metalleichtbau-Kombinat, Werk Halle

Betriebspionierlager *Mühltal (Thüringen)* des
VEB Braunkohlewerk „Einheit“ Bitterfeld

***

Kinderferienlager in Brandenburg:

Kinderferienlager *Blossin Kreis Königswusterhausen* des
VEB Zentralwerkstatt Regis

Kinderferienlager *Großzerlang Kreis Neuruppin* des
VEB Bergmann-Borsig Berlin

Betriebskinderferienlager *Klausdorf Kreis Zossen*
VEB Elektrogerätewerk Gornsdorf

Kinderferienlager „Mariental“ in *Chorin/Kloster, Krs. Eberswalde* des
VEB Schmiedewerke „Hermann Matern“ Roßwein

Kinderferienlager *Groß Drewitz (Kreis Guben)* der
LPG „Fortschritt“

Kinderferienlager „Rotes Ländchen“ des
VEB Schwermaschinenbau Lauchhammer

Kinderferienlager „Karl Marx“ in *Theisa b. Bad Liebenwerda*
VEB Reprocolor Leipzig

Kinderferienlager „Philipp Müller“ *Himmelpfort Kreis Pian Gransee* im betriebseigenen Ferienobjekt des
VEB Polstermöbelindustrie Oelsa – Rabenau

Kinderferienlager „Wilhelm Florin“ *Luhme Kr. Neuruppin* des
VEB Stahl- und Walzwerk Hennigsdorf

Kinderferienlager „Juri Gagarin“ in *Lychen* des
VEB Ingenieurbetrieb für Anlagen Berlin

Betriebsferienlager „Karl Marx“ in *Kerkwitz (Kr. Guben*) des
VEB NUMERIK Karl-Marx-Stadt

Kinderferienlager *Königswusterhausen* der
Ingenieurschule für Post- und Fernmeldewesen

Kinderferienlager in *Tornow Kreis Königswusterhausen* des
Bahnbetriebswerkes Salzwedel in Hohemühle

***

Ferienlager an der Ostsee:

Betriebskinderferienlager *Bakenberg/Rügen* des
VEB Robotron Karl-Marx-Stadt

Kinderferienlager *Seebad Bansin/Usedom* des
VEB Industriewerke

Kinderferienlager *Bodstedt Kreis Ribnitz-Damgarten*
VEB Fischkombinat Rostock

Kinderferienlager „Freundschaft“ *Born/Darß* des
VEB Energieversorgung Leipzig

Kinderferienlager *Stove über Wismar*
des Güterbahnbetriebes Halle/Saale

Kinderferienlager „Junge Garde“ *Ostseebad Dierhagen* des
VEB Isolier- und Kältetechnik Rostock

Kinderferienlager *Lubmin-Freesendorf Kreis Wolgast* des
VEB Aufbau Union Karl-Marx-Stadt

Betriebskinderferienlager in *Neuhaus/Ostsee* des
VEB Fernsehelektronik Berlin-Oberschöneweide

Kinderferienlager *Fuhlendorf Kreis Ribnitz-Damgarten* der
Deutschen Post Rostock

Kinderferienlager *Trassenheide/Usedom*
Konsumgenossenschaft (KG) Stadt Leipzig

Kinderferienlager *Trassenheide* der
Universität Jena

Kinderferienlager *Zudar/Rügen* des
VEB Chemiehandel Unterkunftsgebäude

Kinderferienlager „Philipp Müller“ in *Zinnowitz/Usedom* des
VEB Zellstoffwerk Gröditz

<u>Kinderferienlager in Mecklenburg/Vorpommern:</u>

Kinderferienlager *Reimershagen/Mecklenburg* des
VEB Kraftverkehr Stendal

Betriebskinderferienlager *Teterow* des
VEB Kraftfahrzeuginstandsetzung Berlin

Kinderferienlager *Dahmen Kreis Teterow*

***

Sonstige:

Kinderferienlager *Wahrenbrück* Kreis Bad Liebenwerda
VEB Industrie Isolierungen Leipzig

Kinderferienlager „Hermann Duncker“ *Groß Köris*
VEB Verbundnetz Berlin

Kinderferienlager *Borkheide Kreis Belzig*
VEB Industriemontagen Merseburg

Kinderferienlager *Lamsfeld/Lübben* (Spreewald) der
Gewerkschaft Unterricht und Erziehung BGL Dresden-Mitte

Kinderferienlager *Godendorf Ortsteil Papiermühle* des
VEB Kraftverkehr Neustrelitz und Bezirksschule der BDK Neubrandenburg

Kinderferienlager *Neudorf Kreis Quedlinburg/Harz* des
VEB Karosseriewerk Halle

Betriebspionierlager in *Dabel Kreis Sternburg* des
VEB Bergbau- und Hüttenkombinat Calbe/Saale

Kinderferienlager *Halberstadt* des
VEB Spezialkombinat Magdeburg

***

Nachbemerkung

Wie bereits im „Handbuch für das Betriebsferienlager“ erwähnt wird, gab es etwa 6500 Ferienlager. Das ist schon eine ganze Menge. Dazu kommen die Pionierlager, Zeltlager und alles, was im Zusammenhang mit Ferieneinrichtungen für die Kindererholung damals in der DDR existierte. Das ist lange her und trotzdem nicht vergessen, schon aus dem Grund, weil noch Massen von Ansichtskarten, Briefen und Postkarten aus diesen Jahren vorhanden sind und Interessantes erzählen. Diese Quellen schlummern bei den Leuten in Schubladen von Wohnzimmerschränken, in irgendeiner Nische auf Dachböden, in Abstellkammern oder wo auch immer sie aufbewahrt werden.

Man kann nur hoffen, dass sie, die noch vorhandenen Postkarten und Briefe, beispielsweise bei Haushaltsauflösungen nicht weggeworfen werden. Neues Quellenmaterial ab den 1990er Jahren wird es nur noch spärlich geben, auch aus dem Grund, weil mit Einzug des Internets handschriftlich nur noch selten kommuniziert wurde. Eine SMS, WhatsApp oder E-Mail erhält der Empfänger in Sekundenschnelle. So werden kommende Generationen kaum noch nachvollziehen können, welche erlebnisreichen Ferien die Schulkinder in früheren Zeiten hatten. Jedoch finden sich noch viele, viele Postkarten bei Händlern auf Trödelmärkten, in Antiquariatsläden, im Internet und auch bei der Autorin zu Hause gut sortiert in einem Schuhkarton.

Es hat unheimlich viel Spaß gemacht, diese Schätze aufzustöbern, zu lesen und schließlich vorliegende Publikation zusammenzustellen. Man könnte noch unendlich viele Postkarten sichten, lesen und auswerten. Ein Ende wäre vorläufig nicht in Sicht.

Aber:
Die Zeit der Betriebsferienlager bzw. Pionierlager endete 1990! Sicherlich kennt man in späteren Jahren auch andere Erholungseinrichtungen für Kinder, doch die typische Ferienlagerzeit der DDR ist mit späteren Kindererholungslagern nicht vergleichbar. Schon deshalb nicht, weil auch die dazugehörigen Betriebe, Werke und Fabriken meist nicht mehr vorhanden sind.

Februar 2022

***

Wörterverzeichnis

Aaber	Aber	(S. 28)
angegreuzt	angekreuzt	(S. 48)
aufbewahrung	Aufbewahrung	(S. 73)
baar	paar	(S. 40)
bischen	bisschen	(S. 41)
bissel	bisschen	(S. 27)
bohnsuppe	Bohnensuppe	(S. 63)
Bole	Bowle	(S. 80)
Botten	Bodden	(S. 147)
Bungalo	Bungalow	(S. 72, 77)
daraf	darauf	(S. 40)
Dopelstock	Doppelstock	(S. 125)
Einsturtz	Einsturz	(S. 134)
enfangsuppe	Empfangssuppe	(S. 63)
es gefellt	es gefällt	(S. 26)
Famiele	Familie	(S. 76, 77, 78)
faßt	fast	(S. 53)
fiele	viele	(S. 115)
Filmfortrag	Filmvortrag	(S. 129)
forschbar	furchtbar	(S. 123, 141)
gekürtzt	gekürzt	(S. 99)
gemüdlich	gemütlich	(S. 29)
Grüse	Grüße	(S. 147)
herscht	herrscht	(S. 131)
hinterm	hinter dem o. nach dem	(S. 129)
hir	hier	(S. 37, 59, 72, 80)
Hüner	Hühner	(S. 132)
iden	Ideen	(S. 115)
imer	immer	(S. 115)
Kammeradschaft	Kameradschaft	(S. 131)

Kolektiv	Kollektiv	(S. 76)
Krankenstadion	Krankenstation	(S. 75)
kucken	gucken	(S. 111)
läst	lässt	(S. 115)
ligt	liegt	(S. 115)
meißtens	meistens	(S. 72)
Menschesterhose	Manchesterhose	(S. 18+34)
Nepptun	Neptun	(S. 111)
schikt	schickt	(S. 110)
schöhn	schön	(S. 59)
Tolette	Toilette	(S. 26)
Toristenstatschon	Touristenstation	(S. 38, 128)
Toristisches	Touristisches	(S. 128)
trücken	drücken	(S. 78)
vegessen	vergessen	(S. 115)
verlohren	verloren	(S. 14)
Verzeit	Verzeiht	(S. 119)
vonn	von	(S. 28)
wächselhaft	wechselhaft	(S. 56)
Zahnpörste	Zahnbürste	(S. 63)
ziehmlich	ziemlich	(S. 78)

Literatur und Quellen:

Autorenkollektiv unter Leitung von Walter Hoyer (Hg.) Handbuch für das Betriebsferienlager, Berlin 1968

Stosik, Claudia (Hg.): Das kreativste Reiseland – Auf Reisen gehen...während der DDR-Zeit, Leipzig 2019

Brigadetagebücher des LBK – Landbaukombinat Dresden

Die Briefe und Postkarten sind aus dem Archiv der Autorin.

Internet:

Göltzschtalbrücke – Wikipedia
Thalheim/Erzgebirge – Wikipedia

Anmerkung:
Die Brief- und Postkartenzitate sind Originaltext.

Bildnachweise

S. 9, 21, 24, 25, 27, 51, 59, 92, 96, 98, 99, 107, 110, 120, 121, 132
eigenes Archiv

S. 15, 20, 32, 41, 45, 47, 54, 83, 86, 87, 100, 104, 108, 109, 114, 118, 124, 125, 127, 129, 133, 144, 147
Mit freundlicher Genehmigung von Bild und Heimat Berlin (2022)

S. 22, 29, 36, 149
Aufnahmen aus dem Bestand der SLUB Dresden/Deutsche Fotothek

S. 14, 28, 35, 63, 69, 112, 156
ohne Quellenangabe bzw. Betrieb wie auf der Karte angegeben

S. 11 (Abb. S.68), S. 130 (Abb. S. 109) – Autorenkollektiv unter Leitung von Walter Hoyer (Hg.)
Handbuch für das Betriebsferienlager, Berlin 1968

Hinweis zu den Abbildungen:
S. 17, 38, 39, 48, 56, 57, 62, 65, 74, 75, 79, 148, 151 und 153
Trotz intensiver Recherche konnte für einige Illustrationen keine Urheber bzw. deren Nachfolger ausfindig gemacht werden. Die Rechte bleiben davon unberührt.

Anhang:
Bisher erschienene Publikationen der Herausgeberin und Autorin beim Engelsdorfer Verlag:

- **Schicksale im Ersten Weltkrieg**
  Erinnerung und Gedenken an Menschen in Dresden-Pieschen, Leipzig September 2016

- **Kuriose Grenzgeschichten**
  Mai 1945 bis November 1989, Leipzig 2017

- **Wir sind im Land unserer Träume**...
  Eine Reise von Dresden nach Italien im Sommer 1957, Leipzig 2018

- **Man hat´s nicht leicht, so als Student**
  Architekt wollte er werden. Zeitgeschichte der Jahre 1948 bis 1954, Leipzig 2018

- **Das kreativste Reiseland**
  Auf Reisen gehen… während der DDR-Zeit, Leipzig 2019

- **Über die DDR:**
  Die Versorgung, der Handel, der Mangel, die Schlangen und anderes, Leipzig 2019

- **Aller Anfang ist schwer…**
  ARCHITEKT ist er geworden – Zeitgeschichte der Jahre 1954 bis 1989, Leipzig 2020 (Teil 2 zu: Man hat´s nicht...)

- **TÜRKEI – Entdeckungen im Morgenland**
  Reisen von 1990 bis 2017, Leipzig 2020

- **Vom MILLENNIUM bis zum Jahr 2021**
  Episoden aus dem Alltag, Leipzig 2021